CHRISTIAN BRECHT

Französische Bankenordnung und Wettbewerbsrecht

Schriften zu internationalen Wirtschaftsfragen

Band 5

Französische Bankenordnung und Wettbewerbsrecht

Von

Dr. Christian Brecht

DUNCKER & HUMBLOT / BERLIN

D 21

Gedruckt 1979 bei Buchdruckerei Bruno Luck, Berlin 65
Printed in Germany
ISBN 3 428 04431 2

Meinen Eltern

Vorwort

Die vorliegende Schrift hat unter dem Arbeitstitel *Ordnungsstruktur der französischen Bankwirtschaft unter dem Aspekt des Wettbewerbsrechts* der rechtswissenschaftlichen Fakultät der Universität Tübingen im Sommersemester 1978 als Dissertation vorgelegen. Sie wurde von Herrn Prof. Dr. Möschel betreut, dem ich an dieser Stelle für seinen freundlichen Rat und Unterstützung danken möchte. Mein Dank gilt auch dem Korreferenten, Herrn Prof. Dr. Dr. Hopt für seine kritischen Anmerkungen und dem Inhaber des Verlages Duncker & Humblot, Herrn Ministerialrat a. D. Prof. Dr. Broermann für die Aufnahme der Schrift in sein Verlagsprogramm.

Ein von der Studienstiftung des deutschen Volkes finanzierter Aufenthalt in Paris ist mir bei der Durchführung der Arbeit zugute gekommen. Dies betraf insbesondere die Einarbeitung in das verstreute französische Bankenrecht und das Kennenlernen der davon durchaus unterschiedlichen Handhabungspraxis. Für bereitwillig gewährte Auskünfte habe ich hierbei zu danken: der Banque Nationale de Paris, dem Crédit Agricole, dem Crédit Industriel et Commercial, dem Crédit Lyonnais, dem Crédit du Nord et Union Parisienne, der Société Marseillaise, dem Verband der französischen Finanzierungsinstitute, der Banque de France und dem europäischen Bankenverband, weiterhin für Anregungen und Gespräche insbesondere M. de Bermond de Vaulx von der Banque Franco-Allemande, M. Lhomme vom französischen Bankenverband und M. Cau von der Direction Générale de la Concurrence et des Prix im französischen Wirtschaftsministerium.

Die Arbeit ist meinen Eltern gewidmet als geringes Zeichen der Anerkennung für die zahlreichen Mühen und Opfer, unter denen sie meinen Ausbildungsgang unterstützt haben.

Seeheim, im November 1978

Christian Brecht

Inhaltsverzeichnis

2. Teil

Darstellung und Anwendung des französischen Wettbewerbsrechts

Einleitung

Während in der Bundesrepublik Deutschland die wettbewerbsrechtliche Stellung der Banken im § 102 GWB gesetzlich geregelt ist, die Frage nach der Berechtigung dieser Bereichsausnahmevorschrift aber trotz halbherziger Reformvorschläge bestehen bleibt[1], ist die kartellrechtliche Lage der französischen Banken weitgehend unbekannt. Selbst in der bankrechtlichen und wettbewerbsrechtlichen Literatur Frankreichs finden sich dazu nur spärliche Hinweise.

Diese Lücke will die vorliegende Arbeit ausfüllen.

Neben dem Bezug zum umstrittenen § 102 GWB, für dessen Diskussion der tatsächliche und legislative Erfahrungshintergrund Frankreichs erschlossen wird, ist dies auch im Hinblick auf das europäische Recht von Bedeutung. Denn an den Zielvorstellungen des EWG-Vertrages und den daran anknüpfenden Harmonisierungsbestrebungen im Bankenrecht[2] kann man messen, ob und inwieweit die Ordnungsstruktur der französischen Bankwirtschaft und ihre wettbewerbsrechtliche Stellung — im Unterschied etwa zum deutschen Kreditgewerbe — diesen Vorstellungen entsprechen. Hierbei gelten bereits de lege lata einzelne Regelungen des EWG-Vertrages, die nicht zur Disposition des französischen Gesetzgebers stehen (Artikel 85, 86 und insbesondere 90 EWGV).

Im *ersten Teil* der Arbeit werden nach einem Überblick über die französische Bankwirtschaft staatliche und private Wettbewerbsbeschränkungen dargestellt. Staatlich bedingte Wettbewerbsbeschränkungen beruhen zum einen auf Bankgesetzen und Vorschriften der Bankaufsicht, die Berufszutritt und Berufsausübung regeln, zum andern auf einem breiten Spektrum währungs- und kreditpolitischer Maßnahmen, die beispielsweise das Zinsniveau, die Bankenliquidität und die Kreditgewährung bestimmen und dadurch die Angebotspolitik der Banken in starkem Maße reglementieren.

---

[1] Vgl. *Möschel:* Kreditwirtschaft und Bereichsausnahme nach § 102 GWB, in: Zeitschrift für das gesamte Handelsrecht und Wirtschaftsrecht, 1975, S. 347 bis 361 (insbes. 360 f.), und den Regierungsentwurf eines 4. Gesetzes zur Änderung des Gesetzes gegen Wettbewerbsbeschränkungen vom 26. 5. 1978, in: Bundesratsdrucksache 231/78, S. 9 f., 31 ff.

[2] Siehe 1. Richtlinie des Rates vom 12. 12. 1977 zur Koordinierung der Rechts- und Verwaltungsvorschriften über die Aufnahme und Ausübung der Tätigkeit der Kreditinstitute, in: Abl. L 322/30 vom 17. 12. 1977.

Entwicklungslinien und Veränderungen in der französischen Bankwirtschaft — insbesondere aufgrund der Reformen von 1966/67 — werden in diesem Teil der Arbeit gleichzeitig aufgezeigt.

Im *zweiten Teil* der Arbeit werden nach einer Einführung in das französische Wettbewerbsrecht dessen Anwendungsmöglichkeiten auf die vorgefundenen staatlichen und privaten Wettbewerbsbeschränkungen diskutiert. Hierbei stellen sich vor allem folgende Fragen: Ist das französische Wettbewerbsrecht angesichts der zahlreichen staatlichen Marktregelungen in diesem Wirtschaftszweig überhaupt anwendbar? Wie verhält es sich zu privaten Kartellierungen, die mit Billigung staatlicher Stellen getroffen werden?

Das Ergebnis soll mit der Regelung des § 102 GWB verglichen werden. Besonderheiten des französischen Wirtschaftsrechts, die instrumentelle Ausrichtung sowohl des Wettbewerbsrechts als auch der Bankwirtschaft an allgemeinen wirtschaftspolitischen Zielsetzungen werden dabei deutlich.

Die Anwendung des europäischen Wettbewerbsrechts auf Wettbewerbsbeschränkungen in der französischen Bankwirtschaft bildet den *dritten Teil* der Arbeit. Artikel 90 Absatz I EWG-Vertrag stellt insbesondere die staatlich bedingten Wettbewerbsbeschränkungen und Marktregelungen in Frage. Ob diese und auch private Kartellierungen gerechtfertigt werden können, ist ein bei Artikel 90 Absatz II EWG-Vertrag zu diskutierendes Problem.

Erster Teil

Wettbewerbsbeschränkungen in der französischen Bankwirtschaft

I. Überblick über die französische Bankwirtschaft

In der französischen Bankwirtschaft, die durch eine Vielzahl von Instituten mit sehr unterschiedlichen Kompetenzen und Statuten gekennzeichnet ist, unterscheidet man in der Regel den erwerbswirtschaftlich orientierten „wettbewerblichen" Sektor, zu dem die eingeschriebenen Banken und Finanzierungsinstitute gehören, von einem öffentlichen und halböffentlichen Sektor. Dieser wird meist nochmals aufgeteilt in einen Bereich von Instituten mit gesetzlichem Spezialstatut — in etwa dem deutschen Genossenschaftsbankensektor vergleichbar — und in einen Bereich öffentlicher und halböffentlicher Institute[1].

Alle Institute unterstehen, wenn auch in abgestufter Weise, denselben Aufsichtsbehörden: dem Wirtschafts- und Finanzministerium, dem Nationalen Kreditrat und der Bankenkontrollkommission. Faktisch obliegt die Kredit-, Geld- und Bankenkontrolle der Regierung, die hierbei vom Nationalen Kreditrat beraten wird, während die Bank von Frankreich als Ausführungsorgan fungiert[2].

1. Die eingeschriebenen Banken

a) Die Legaldefinition von Bank

Den Kern der französischen Bankwirtschaft, das Bankensystem im engeren Sinne, bilden die in einer Liste des nationalen Kreditrates ein-

---

[1] Zu den Schwierigkeiten einer eindeutigen Klassifizierung der französischen Bankinstitute siehe *Branger:* Traité d'économie bancaire, Bd. I, S. 75, und *Galula / de Blacas:* Le secteur bancaire aujourd' hui et demain, in: Economie et Finances Agricoles, Okt. 1975, S. 1—18 (1 ff.). *Petit-Dutaillis* qualifiziert die französische Bankwirtschaft mangels Homogenität als eine „Konstellation" und nicht als „System", siehe *Petit-Dutaillis* (II): Le système bancaire francais, in: Les Cahiers Francais, Jan./Febr. 1975, S. 25—30 (25 f.). Einen guten Überblick über die französische Bankwirtschaft bieten auf deutsch *Bertrand d'Illiers / Gerhard Morgenroth:* Das Bankwesen in Frankreich, in: Das Bankwesen im größeren Europa, hrsg. von *Regul / Wolf,* Baden-Baden 1974, S. 250 ff.

[2] *Gavalda / Stoufflet* (I): Droit bancaire et boursier, Rdnr. 30.61.9. Siehe auch *Bardout:* Le secteur bancaire français, Bd. II, S. 4; *Branger* Bd. I, S. 80 ff.

geschriebenen Banken des wettbewerblichen Bereichs. Als solche gelten gemäß Artikel 1 des Gesetzes vom 13. Juni 1941 nur diejenigen Unternehmen, *die gewerbsmäßig von der Öffentlichkeit Einlagen oder Gelder in sonstiger Form annehmen, um sie auf eigene Rechnung für Diskont-, Kredit- oder Finanzierungsgeschäfte zu verwenden.* Diese Legaldefinition scheidet zum einen den Sparkassensektor aus — dieser kann mit den gesammelten Einlagen keine direkten Kreditgeschäfte tätigen — zum anderen die Finanzierungsinstitute, die zwar wie die Banken Diskont-, Kredit- oder Finanzierungsgeschäfte betreiben, jedoch hierzu nur ihre eigenen Mittel verwenden können[3].

b) *Die nationalisierten Banken*

Zu den eingeschriebenen Banken zählen die nationalisierten Großbanken, die in der Ausübung ihrer Geschäftstätigkeit denselben Regelungen unterworfen sind wie die Privatbanken[4], und die auch untereinander im Wettbewerb stehen[5]. Es handelt sich um die 1945 verstaatlichten größten Depositenbanken[6]: den *Crédit Lyonnais,* die *Société Générale,* die *Banque Nationale pour le Commerce et l'Industrie* und den *Comptoir National d'Escompte de Paris.* Die beiden letztgenannten Institute wurden 1966 im Zuge der Bankreform zur *Banque Nationale de Paris* verschmolzen[7].

Den nationalisierten Banken, auf die 50 % der Bilanzsumme aller eingeschriebenen Banken entfallen[8], wird teilweise vorgeworfen, daß sie eine leichtfertigere Geschäftspolitik betreiben könnten als die Privatunternehmen, da der Staat ihre Existenz garantieren würde[9]. Dagegen wird den Privatbanken vorgehalten, sie könnten unter den Kunden die besten aussuchen, während die verstaatlichten Banken auch in abgelegenen Regionen jedermann gleichmäßig bedienen müßten[10].

---

[3] *Gavalda / Stoufflet* (II): Droit de la banque, S. 87.

[4] Zu einigen Besonderheiten ihres Status *Gavalda / Stoufflet* (II), S. 169 ff. Durch Gesetz vom 4. 1. 1973 wurden Belegschaftsaktien eingeführt, die insgesamt 25 % ihres Stammkapitals ausmachen können.

[5] Dies hebt in ihren Jahresberichten die Commission de Vérification des Comptes des Entreprises publiques immer wieder hervor, z. B. 13. Bericht (1974), S. 656, in: Journal Officiel vom 23. 3. 1974, S. 573—730.

[6] Artikel 6 des Gesetzes vom 2. 12. 1945.

[7] Dekret vom 26. 5. 1966; siehe Conseil National du Crédit, Rapport 1966, S. 129.

[8] Commission de Contrôle des Banques, Rapport 1976, S. 20 f.; weitere Zahlen für den beherrschenden Charakter der 3 nationalisierten Banken bei *Bardout* Bd. II, S. 29 f.

[9] Z. B. *Koskas:* Banques nationalisées. Le droit et le devoir de perdre de l'argent, in: La Vie Francaise. Opinion, 10. 4. 1975; *Lévêque:* L'inflation et la banque, in: Banque, Sept. 1975, S. 783—788.

[10] Le Monde vom 29. 3. 1977, S. 23.

Pierre-Brossolette, Präsident des Crédit Lyonnais, hat folgende Besonderheiten der nationalisierten Banken hervorgehoben:

a) Einziger Aktionär sei bei ihnen der Staat; Kapitalerhöhungen seien bisher ausschließlich aus Rücklagen erfolgt;

b) auf Wunsch des Staates müßten teilweise Geschäfte mit sehr geringer oder gar keiner Rentabilität finanziert werden, wenn dies dem „Allgemeininteresse" diene;

c) aus einer gewissen Tradition heraus tätigten die nationalisierten Banken keine Geschäfte, die zwar noch legal, aber gewagt oder anrüchig seien[11].

Begründet wurde die Verstaatlichung der großen Depositenbanken 1945 damit, daß man politisch unerwünschte Pressionen auf Staatshaushalt und Geldpolitik befürchtete und den Großbanken zudem vorwarf, ihre Kreditverteilungsaufgaben nur ungenügend erfüllt zu haben[12]. In Verbindung mit den Bankgesetzen von 1945 sollte die Verstaatlichung einer straffen Bankenkontrolle und Kreditlenkung dienen und die Bankwirtschaft auf die einsetzende staatliche Planung ausrichten[13].

Die Beteiligungsbanken waren auf Grund ihrer oft internationalen Geschäftsbeziehungen und ihrer Beteiligungsrisiken der Verstaatlichung entgangen. Dafür wurde in ihren Verwaltungsrat je ein Regierungsbeauftragter (commissaire du gouvernement), assistiert von einem Kontrollrat, entsandt, der über weitreichende Vollmachten zur Beachtung des „nationalen Interesses" verfügt[14].

Die Forderung nach der Nationalisierung weiterer Kreditinstitute ist in Frankreich immer wieder erhoben worden[15]. So ist im gemeinsamen Programm der französischen Linksparteien für die Parlamentswahlen im Frühjahr 1978 die Verstaatlichung aller ca. 650 Privatbanken vorgesehen gewesen, um den Kredit- und Finanzierungsapparat endgültig in die öffentliche Hand zu bringen. Planwirtschaftliche Experimente und

---

[11] Interview in Le Monde vom 17. 5. 1977, S. 23, 26. So sind die 3 nation. Banken Aktionäre des Instituts de développement industriel, das noch nie Dividenden ausgeworfen hat, was vorauszusehen war.

[12] *Branger,* Bd. I, S. 147 ff.

[13] Dazu ausführlich *Dupont:* Le contrôle des banques et la direction du crédit en France, S. 39 ff.

[14] Siehe *Branger,* Bd. I, S. 148 f.; *Gavalda / Stoufflet* (II), S. 117, 119 f. Zum Problem einer eventuellen Beteiligungsbankenverstaatlichung auch aus europarechtlicher Sicht *Jacques de Fouchier:* La banque d'affaires en France en 1972, in: Banque, Juni 1973, S. 523—525.

[15] Siehe *Gavalda / Stoufflet* (II), S. 54 f. Artikel 13 des Gesetzes vom 2. 12. 1945 sieht vor, daß der Nationale Kreditrat unter bestimmten Voraussetzungen die Regierung auffordern kann, dem Parlament die Verstaatlichung weiterer Banken vorzuschlagen.

bürokratische Schwerfälligkeit befürchten die Kritiker dieser geplanten Maßnahmen. Zudem wird eingewandt, daß zwischen Kreditlenkung und Bankenstatut zu unterscheiden sei; erstere sei möglich auch ohne nationalisierte Unternehmen[16].

c) *Die Auslandsbanken*

Weiter gehören zu den eingeschriebenen Banken die Filialen und Niederlassungen ausländischer Banken, deren Anzahl ständig zugenommen hat[17]:

	1950	*1960*	*1970*	*1973*	*1976*
Französische Banken	377	300	235	248	263
Auslandsbanken	32	33	56	74	88

Sie unterliegen den gleichen aufsichtsrechtlichen und währungspolitischen Regelungen wie die französischen Banken. Jedoch wurde erst 1975 eine für Angehörige der Europäischen Gemeinschaft diskriminierende Vorschrift aufgehoben, die für den Eigentümer oder Leiter einer Bankniederlassung die französische Nationalität vorsah, wobei individuelle Ausnahmen vom Wirtschafts- und Finanzminister gewährt werden konnten[18]. Diese Ausnahme war in der Regel leicht zu erhalten, da der französische Staat seit Mitte der sechziger Jahre bemüht war, Paris zu einem internationalen Finanzzentrum auszubauen[19].

80 % der ausländischen Institute sehen ihre Tätigkeit weniger wettbewerblich als komplementär zu denen der französischen Banken, da die meisten von ihnen sehr spezielle Aufgabenbereiche erfüllen. Wesentliche Motive für die Niederlassung amerikanischer und japanischer Banken waren neben der Außenhandelsfinanzierung die Kundenbetreuung außerhalb des Herkunftslandes sowie Euromarktgeschäfte, für die arabischen Banken die Suche nach Kapitalanlagemöglichkeiten und die

---

[16] Siehe Le Monde vom 6. 5. 1976, S. 1, 12; vom 17. 5. 1977, S. 23, 26; vom 22. 6. 1977, S. 9 und vom 8. 11. 1977, S. 23 f.; zum ganzen auch: *Stoffaes, Victorri:* Nationalisations. — Paris 1977 und *Gallaix / Hamonno:* Les nationalisations ... à quel prix, pour quoi faire? — Paris 1977.

[17] Conseil National du Crédit, Rapport 1974, S. 203; Commission de Contrôle des Banques, Rapport 1976, S. 29 ff.

[18] Art. 7 des Gesetzes vom 13. 6. 1941 iVm Art. 2 des Dekrets Nr. 1247 vom 28. 5. 1946. Zur Aufhebung der genannten Vorschrift Conseil National du Crédit, Rapport 1975, S. 219 f.

[19] *Fournier,* Préface, in: J. Stoufflet / Ch. Campet / M. Koszul / P. Moran / M. Sarmet: L'activté des banques étrangères en France, S. 7. Hinsichtlich dieses Wunsches herrscht bei den Auslandsbanken Skepsis; hierbei wird insbesondere auf den dirigistischen und zu wechselhaften Charakter der französischen Bankregelungen verwiesen, so *Fournier* a.a.O.

Herstellung von Wirtschaftsbeziehungen, und für die spanischen und portugiesischen Banken der Transfer von Ersparnissen der Gastarbeiter[20].

Relativ wenig Auslandsniederlassungen findet man aus den Ländern der ehemaligen Sechserwirtschaftsgemeinschaft. Die Banken dieser Länder haben es meist nicht für nötig gehalten, Niederlassungen beim Landesnachbarn zu gründen, sondern bevorzugten spezielle Kooperationsverträge und Präferenzverbindungen, um wechselseitig ihre Kunden zu betreuen und so den Aktionsradius ihrer Geschäfte zu erweitern[21].

2. Die Finanzierungsinstitute

Nicht unter die Legaldefinition der Banken fallen die Finanzierungsinstitute, die zwar wie die Banken Diskont-, Kredit- oder Finanzierungsgeschäfte betreiben, jedoch hierzu nur ihre eigenen Mittel verwenden können, oder die sich auf dem Geldmarkt bzw. bei verbundenen oder befreundeten Banken finanzieren müssen. Sie betreiben meist stark spezialisierte Geschäfte, wobei man sechs Kategorien unterscheiden kann: Teilzahlungsinstitute, Wertpapierinstitute (Maisons de titres), Finanzierungsgesellschaften (oft Holdinggesellschaften oder ausgegliederte Finanzabteilungen großer Industrie- oder Versicherungsunternehmen), Leasinggesellschaften, Bausparkassen und andere[22].

Die Finanzierungsinstitute werden neben den eingeschriebenen Banken noch zum „wettbewerblichen" Banksektor gerechnet[23]; sie unterliegen parallelen Aufsichtsvorschriften und denselben Aufsichtsorganen wie die Banken[24].

3. Die Institute mit gesetzlichem Spezialstatut

Diese Institute werden im Unterschied zu den eingeschriebenen Banken und Finanzierungsinstituten nicht vom nationalen Kreditrat und der Zentralbank kontrolliert — diese intervenieren bei ihnen nur als Konsultativorgane —, sondern unterstehen unmittelbar dem Wirtschafts- und Finanzminister. Die meisten dieser Unternehmen sind auf genossenschaftlicher Basis gegründet worden, weshalb sich ihre Kundschaft

---

[20] *Koszul:* Rapport de synthèse, in: J. Stoufflet / Ch. Campet / M. Koszul / P. Moran / M. Sarmet: L'activité de banques ètrangères en France, S. 101, 105 ff.

[21] *Koszul,* S. 104 f.; ebenso EG-Kommission: Wettbewerbsbericht 1972, S. 66 f.

[22] *Petit-Dutaillis* (II), S. 27 f.

[23] *Galula / de Blacas,* S. 2 ff.

[24] *Gavalda / Stoufflet* (II), S. 274 ff.

ursprünglich auf eine bestimmte Berufs- oder Sozialkategorie beschränkte. Die vier größten Institutionen sind:

— der *Crédit Agricole Mutuel*, der die Landwirtschaft und die lokalen Genossenschaften finanziert, und der sich inzwischen zur größten Bank Frankreichs entwickelt hat[25],

— die *Volksbanken*, die Kredite an mittlere und kleine gewerbliche Unternehmen geben,

— der *Crédit Mutuel Libre* als Organisation des freien Genossenschaftskredits,

— die *Caisse Centrale de Crédit Coopératif* als Zentrale des Genossenschaftskredits.

Diese Institute sind nicht notwendig Konkurrenten des wettbewerblichen Banksektors, sondern haben zum Teil eine Komplementärfunktion zu ihm, indem sie der Refinanzierung oder Risikoaufteilung dienen[26].

Oft üben sie jedoch eine Tätigkeit aus, die der der eingeschriebenen Banken sehr ähnlich oder mit dieser sogar identisch ist, und würden unter deren Gesetze fallen, wenn nicht ihre Spezialstatuten eingriffen. Von daher ist es nicht überraschend, daß einige der den Banken auferlegten Verpflichtungen auf sie übertragen wurden. So unterliegen alle diese Institute dem Mindestreservesystem, und einige gehören freiwillig der Evidenzzentrale bei der Zentralbank an[27].

Durch die Schaffung der gesetzlichen Spezialstatuten wollte der Staat diese Institute den Marktgesetzen entziehen. Gleichzeitig war ihre Sonderstellung ein indirektes Verbot für die eingeschriebenen Banken, sich Zugang zu den Tätigkeitsbereichen dieser Institute zu verschaffen[28].

4. Die öffentlichen und halböffentlichen Institute

Dieser Bereich besteht aus Unternehmen sehr unterschiedlichen Charakters, so daß eine überzeugende juristische oder wirtschaftliche Einteilung kaum möglich ist.

Eine erste Gruppe wird von stark spezialisierten Institutionen mit einer oft langen Tradition gebildet, die nur in einem sehr begrenzten Bereich Geschäfte durchführt[29]. Hierzu rechnen die *Caisse des Dépôts et*

[25] Le Monde vom 23. 9. 1977, S. 39. Danach ist der Crédit Agricole die drittgrößte Bank der Welt nach der Bank of America und der Citibank.

[26] So *Gavalda / Stoufflet* (II), S. 155.

[27] *Gavalda / Stoufflet* (II), S. 155, 307.

[28] *Bardout*, Bd. II, S. 8; *Gavalda / Stoufflet* (II), S. 155.

[29] *Fournier* (III): L'évolution des banques francaises, in: Banque, Sept. 1976, S. 823—838 (824).

Consignation, welche die Einlagen der Sparkassen und zahlreicher Pensionskassen verwaltet und damit kollektive und soziale Investitionen finanziert, der *Crédit Foncier de France,* der Hypothekendarlehen, Kommunaldarlehen und Darlehen an die Bauwirtschaft gewährt, der *Crédit National,* der die wichtigste Institution für mittel- und langfristige Investitionskredite an Industrie- und Handelsunternehmen bildet, die *Caisse Nationale des Marchés de l'Etat* (Nationalkasse für Aufträge der öffentlichen Hand), die Bankenrisiken aufteilt und die Mobilisierung kurz- und mittelfristiger Bankvorschüsse ermöglicht, und schließlich die *Banque Francaise du Commerce Extérieur,* die sich mit Import- und Exportfinanzierungen befaßt.

Das ungenügende Sparaufkommen und die Tatsache, daß die Tätigkeit der privaten Kreditinstitute unerwünschte Finanzlücken auftreten ließ, erklären Entstehung und Entwicklung dieser Institute[30]. Neben den bereits skizzierten Tätigkeiten geben sie die für die Mobilisierung bestimmter Kredite unverzichtbare Unterschrift und sind Rediskontorgane erster Stufe. Der Staat führt durch diese Organisationen keinen echten Wettbewerb mit den eingeschriebenen Banken, sondern erfüllt durch sie komplementäre Aufgaben[31]. Die Gruppe der drei nationalisierten Banken, die man ohne Zweifel auch zum öffentlichen Kreditsektor zählen kann[32], steht hingegen in unmittelbarem Wettbewerb mit den eingeschriebenen Banken und Finanzierungsinstituten.

Dem Bereich der öffentlichen und halböffentlichen Institute werden auch die *zwei Sparkassenorganisationen* zugeordnet. Da diese gemeinwirtschaftlich orientierten Unternehmen keine direkten Kreditgeschäfte tätigen, sondern mit Ausnahme des laufenden Kassenbestandes (etwa 2 %) sämtliche von Einlegern erhaltenen Gelder an die *Caisse des Dépôts et Consignation* überweisen, entsprechen sie in Frankreich nicht der Bankdefinition. Die Tendenz geht jedoch dahin, ihnen wie im Ausland — insbesondere wie in der Bundesrepublik Deutschland — allmählich Bankfunktionen anzuvertrauen. So wurden bestimmte Überweisungen von und auf ihre Konten möglich (z. B. Ruhestandsgehälter u. a., Daueraufträge für Gas und Elektrizität); ebenso können sie einige Kreditgeschäfte vornehmen (persönliche Darlehen, Darlehen für Wohnzwecke u. a. m.)[33]. Seit Anfang 1978 sind bei ihnen auch Scheckhefte mit einer Garantie bis zu 500.— Frs. je Scheck erhältlich[34].

---

[30] *Galula / de Blacas,* S. 19 f.

[31] *Gavalda / Stoufflet* (II), S. 168.

[32] So *Gavalda / Stoufflet* (II), S. 169; dies als Beispiel für die Schwierigkeit einer klaren Einordnung der französischen Kreditinstitute, s. o. unter I. FN 1).

[33] Vgl. *Gavalda / Stoufflet* (II), S. 189.

[34] Die eingeschriebenen Banken wehrten sich gegen die noch von *Jean-*

Die *Postscheckämter*, bei denen nur Sichtkonten geführt werden können, werden ebenfalls zum Bereich der öffentlichen und halböffentlichen Institute gerechnet. Schließlich gehört noch das *Schatzamt* (Trésor) zu diesem Sektor, da es neben der Finanzverwaltung in allerdings immer verschwindenderem Maße einige Bankfunktionen ausübt[35].

Den Instituten mit gesetzlichem Spezialstatut und den öffentlichen und halböffentlichen Instituten ist gemeinsam, daß sie nicht der allgemeinen Bankengesetzgebung unterliegen, sondern jeweils für den Einzelfall erlassenen Spezialgesetzen[36]. Ihre Tätigkeiten einschließlich der anzuwendenden Konditionen sind genau und umfassend hoheitlich geregelt[37], und der Staat nimmt Einfluß auf die Besetzung der Führungspositionen[38]. Dafür gewährt er Privilegien in Form von Steuererleichterungen, Finanzierungshilfen, verbilligten Krediten oder Garantiezusagen, so daß diese Institute in die Lage versetzt werden, günstigere Konditionen zu gewähren als der wettbewerbliche Bankensektor. Inwieweit diese Privilegien noch berechtigt sind, ist zumindest bei den Agrarkreditkassen und den Sparkassen heftig umstritten[39].

Die Beschreibung staatlich bedingter Wettbewerbsbeschränkungen bei all diesen Instituten würde sich in einer Aufzählung ihrer gesetzlichen Statuten und der sie betreffenden Verordnungen und Erlasse erschöpfen. Raum für private Wettbewerbsbeschränkungen besteht bei ihnen kaum[40]. Im Folgenden sollen daher staatliche und private Wettbewerbs-

---

Pierre Fourcarde geplante Scheckeinführung bzw. verlangten, daß dann die noch bestehenden steuerlichen Privilegien der Sparkassen verschwinden müssen. Dagegen führen die Sparkassen an, daß die Scheckeinführung nur eine notwendig gewordene Antwort auf den Einbruch der Banken in ihre angestammten Tätigkeitsbereiche wie Führung von Spar- und Terminkonten sei; vgl. den Diskussionsbeitrag in Banque, Jan. 1976 (Spezialnummer), S. 76, und Le Monde, 25. 5. 1976, S. 31 ff.

35 So finanzierte das Schatzamt 1960 noch 53,9 % aller langfristigen Kredite, 1974 dagegen nur noch 11,1 %. Dieses Desengagement des Staates entsprach dem Willen, mehr „Markt" in die Bankwirtschaft einzuführen; vgl. den Überblick im Vorwort von *Bardout,* Bd. II.

36 Siehe Artikel 5 des Gesetzes vom 2. 12. 1945 in der Fassung vom 17. 5. 1946.

37 Siehe *Gavalda / Stoufflet* (II), S. 56 f. mit Beispielen für die weitgehende Einflußnahme des Staates auf diesen Banksektor: Transfer der mittel- und langfristigen Exportfinanzierung vom Crédit National auf die Außenhandelsbank; die von den Notaren verwahrten Gelder mußten ab dem 1. 7. 1974 nicht mehr beim Crédit Agricole, sondern bei der Caisse des Dépôts hinterlegt werden u. a. m.

38 Vgl. *Petit-Dutaillis* (II), S. 28; *Gavalda / Stoufflet* (II), S. 162.

39 Siehe *Bardout,* Bd. II, S. 20; *Gavalda / Stoufflet* (II), S. 162 f.; *Petit-Dutaillis* (II), S. 28.

40 Eine Veränderung hat sich beim Crédit Agricole seit dem 1. 1. 1976 ergeben: die Habenzinsen für Konten mit einem Betrag über 200 000,— Frs. oder einer Laufzeit von über 2 Jahren sind freigegeben.

beschränkungen nur noch im Bereich der eingeschriebenen Banken und Finanzierungsinstitute untersucht werden.

Die Wichtigkeit der öffentlichen und halböffentlichen Institute in der französischen Bankwirtschaft wird in einigen statistischen Angaben zur Einlagensammlung und Kreditverteilung deutlich[41] [42]:

I. *Einlagensammlung*

A: Sichtguthaben	*Ende 1966* Betrag[a)]	%	*Ende 1976* Betrag	%
eingeschriebene Banken	73,05	61,3	199,53	57,5
Volksbanken	5,40	4,5	18,62	5,4
Crédit Agricole	16,69	14,0	69,24	19,9
Postscheckämter	22,08	18,6	55,94	16,1
Schatzamt	1,89	1,6	3,83	1,1
Sparkassen	—	—	—	—
Gesamtsumme	38,97		107,47	

B: Termineinlagen (Sparguthaben, Schatzanweisungen u. ä.)				
eingeschriebene Banken	22,66	16,6	190,99	33,5
Volksbanken	1,88	1,4	17,15	3,0
Crédit Agricole	15,69	11,5	102,16	17,9
Postscheckämter	—	—	—	—
Schatzamt	28,52	20,8	33,98	6,0
Sparkassen	67,96	49,7	226,36	39,6
Gesamtsumme	136,71		570,64	

II. *Kreditverteilung*

A: Kurzfristige Kredite	*Ende 1966* Betrag	%	*Ende 1976* Betrag	%
eingeschriebene Banken }			271,08	76,8
Volksbanken }	89,79	83,11	15,02	4,3
Crédit Agricole }			39,94	11,3
Finanzierungsinstitute	1,18	1,09	25,73	7,3
Banque de France und Spezialinstitute	17,06	15,79	1,19	0,3
Gesamtsumme	108,03		352,96	

B: mobilisierbare mittelfristige Kredite				
eingeschriebene Banken, Volksbanken und BFCE[b)] }	19,73	50,62	71,80	66,8
Crédit Agricole }			9,36	8,7
Finanzierungsinstitute	1,83	4,69	7,77	7,2
Spezialinstitute	17,41	44,67	18,54	17,3
Gesamtsumme	38,97		107,47	

[41] Bei diesem Vergleich ist zu beachten, daß zwischen 1966 und 1967 die Bilanzierungsvorschriften der Banken geändert wurden und daß leichte Veränderungen in der Zusammensetzung der Sektoren auftragen; so wurde die Banque Centrale des Coopératives 1975 in die Kategorie der eingeschriebenen Banken übernommen, siehe Conseil National du Crédit, Rapport 1975, S. 220 f. und Annexes S. 2.

Fußnoten 42 und a, b siehe nächste Seite

C: nicht mobilisierbare mittelfristige und langfristige Kredite

eingeschriebene Banken, Volksbanken und BFCE	152,00	220,11	28,1
Crédit Agricole		95,18	12,1
Finanzierungsinstitute		22,16	2,8
Spezialinstitute (bankmäßige Darlehen)		8,19	1,0
(nichtbankmäßige Darlehen)		437,95	55,9
Gesamtsumme		783,59	

Die Privatbanken in der französischen Bankwirtschaft vereinigten 1977 auf sich nur 16 % aller Einlagen und 12 % aller Kredite. 23 % aller Einlagen und 19 % aller Kredite entfielen auf den Genossenschaftsbankensektor, 61 % der Einlagen und 69 % der Kredite letztlich auf den Staat[43].

II. Wettbewerbsbeschränkungen auf Grund von Bankgesetzen und von Regelungen der Bankaufsicht

Bankenaufsicht und Bankgesetze sind in Frankreich weniger das Ergebnis von Krisenerscheinungen, als vielmehr die Folge sich ändernder ordnungspolitischer Einstellungen[1]. Hierbei kann man bis 1966/67 drei Phasen unterscheiden:

(a) Nachdem sich die Weltwirtschaftskrise von 1929 relativ geringfügig auf das französische Bankensystem ausgewirkt hatte, fallen erste Versuche einer wirksamen Bankenkontrolle in die Jahre 1930 bis 1936, die den Einlegerschutz durch eine Seriositätskontrolle des Bankberufes bezweckten[2].

(b) Unter der Vichy-Regierung von 1941 bis 1945 wurde die Bankwirtschaft korporativ organisiert; es wurden drei Verwaltungsorganisationen geschaffen: die Berufszwangsverbände für Banken und Finanzierungsinstitute, das Comité Permanent d'Organisation des Banques et des Etablissements Financiers, dessen Aufgaben nach 1945 der Nationale Kreditrat fortsetzte, und die Commission de Contrôle des Banques. Diese Organisationen hatten weitreichende Kompetenzen und dienten

---

[42] Daten aus: Conseil National du Crédit, Rapport 1976 und Annexes; Auskunft des französischen Bankenverbandes; *Fournier* (III), S. 834. Teilweise differieren die Ziffern etwas.

a) Betrag jeweils in Milliarden Francs.

b) Banque Francaise du Commerce Extérieur.

[43] Le Monde vom 8. 11. 1977, S. 23. Dagegen entfallen in der BRD 32 % aller Einlagen und 42 % aller Kredite auf Privatbanken.

[1] *Lammerskitten:* Das französische Bankwesen, S. 43.

[2] *Gavalda / Stoufflet* (II), S. 52 f.; *Bardout,* Bd. II, S. 3.

dem Staat ab 1945 als Basis für seine Einflußnahme auf den Bankenapparat[3].

(c) Die Periode von 1945 bis 1966 ist gekennzeichnet durch eine straffe staatliche Bankenaufsicht und die Nationalisierung der Zentralbank und der vier größten Kreditinstitute. Diese Maßnahmen dienten weniger dem Einleger- und Sparerschutz als der Durchsetzung währungs- und wirtschaftspolitischer Zielsetzungen im Rahmen der staatlichen Wirtschaftsplanung (planification). Die strenge staatliche Überwachung der Bankwirtschaft erschien notwendig, um im Zeichen des Wiederaufbaues nach 1945 gleichzeitig eine Politik der Investitionsförderung als auch der Inflationsbekämpfung führen zu können[4]. Ebenso entsprach die genaue Reglementierung der Banktätigkeit dem Wunsch der von Krieg und Inflation geschwächten Kreditinstitute, einen „ruinösen" Wettbewerb zu verhindern[5].

Den Veränderungen von 1966/67 lag dagegen die Einsicht zugrunde, daß eine minutiöse Regelung der Bankenaufsicht jede reelle Möglichkeit eines Bankenwettbewerbs unterdrückt und damit die notwendige Anpassung des Kreditgewerbes an die Bedürfnisse einer Wirtschaft verhindert, die — insbesondere durch die Schaffung der europäischen Wirtschaftsgemeinschaft — mehr und mehr im nationalen und internationalen Rahmen den Marktgesetzen ausgesetzt ist[6]. Die Bankreformen förderten deshalb die marktwirtschaftlichen Elemente in der Bankwirtschaft. Während jedoch die volle Anwendung des Wettbewerbsprinzips in diesem Wirtschaftsbereich einen möglichst freien Marktzutritt verlangt und vom wirtschaftlichen Gesichtspunkt aus die Markteintrittskosten relativ gering sind, da die Gründung einer Bank nur eine beschränkte Investitionssumme verlangt[7], setzt der Gesetzgeber hier Grenzen. Diese werden von personellen und strukturellen Berufszutrittsschranken gebildet, die sich dann konsequent in einer dauernden Berufsausübungskontrolle mit stark wirtschaftslenkenden Zielen fortsetzen[8].

1. Persönliche Berufszutrittsschranken

Um Bankgeschäfte durchführen zu können, ist eine Eintragung in die vom Nationalen Kreditrat geführte Bankenliste erforderlich (Artikel 12

[3] *Gavalda / Stoufflet* (II), S. 53, *Bardout*, Bd. II, S. 3.

[4] *Dermitzel / Damm / Richebächer:* Das Bankwesen im Gemeinsamen Markt, S. 201 ff.

[5] *Marcille:* Le rôle de l'association professionelle des banques, in: Banque, Sept. 1973, S. 757—760 (759).

[6] So *Marcille*, S. 759.

[7] *de Narbonne et Vernimmen:* Les caractères spécifiques de la banque, in: Banque, Nov. 1974, S. 1051—1058 (1052 f.).

[8] Vgl. *Gavalda / Stoufflet* (II), S. 72, 252 f., 262.

des Gesetzes vom 13. 6. 1941). Für die Finanzierungsinstitute gilt eine entsprechende Regelung (Artikel 7 des Gesetzes vom 14. 6. 1941). Hierbei müssen folgende persönliche Voraussetzungen erfüllt sein:

a) Berufsbefähigung

Jeder Bankier muß die Kaufmannseigenschaft besitzen, und jedes Unternehmen, das Bankgeschäfte betreibt, unterliegt den Vorschriften über Handelsgesellschaften.

b) Verbote und Unvereinbarkeiten

Personen, die gemäß Artikel 1 und 2 des Gesetzes vom 19. 6. 1930 durch ein französisches Gericht wegen Diebstahls, Vertrauensmißbrauchs, Unterschlagung, Erpressung, vorsätzlicher Ausgabe ungedeckter Schecks usw. bestraft worden sind, oder die Leiter von in Konkurs geratenen Unternehmen waren, dürfen laut Artikel 7 des Gesetzes vom 13. 6. 1941 keine leitende Stellung in einer Bank innehaben[9]. Weiterhin ist der Bankberuf mit bestimmten anderen Berufen (Parlamentsabgeordneter, Beamter u. ä.) unvereinbar, um Kompromittierungen zu verhindern. Verschärfte Inkompatibilitäten bestehen bei den nationalisierten Banken[10].

c) Nationalität

Artikel 7 des Gesetzes vom 13. 6. 1941 verlangt die französische Nationalität sowohl für den Eigentümer als auch für den Leiter einer Bank. Individuelle Ausnahmen werden vom Wirtschafts- und Finanzminister gewährt (Art. 2 des Dekrets Nr. 1247 vom 28. 5. 1946). Als ausländische Banken gemäß Artikel 15 des Gesetzes vom 13. 6. 1941 werden alle Banken unabhängig vom Ort ihres Firmensitzes betrachtet, die *direkt oder indirekt unter der Kontrolle ausländischer natürlicher oder juristischer Personen stehen,* wobei sich diese Regelung auch auf Zweigstellen bezieht.

Der Nachweis der französischen Nationalität widersprach trotz der Ausnahmemöglichkeit der im Vertrag der Europäischen Gemeinschaften von 1957 für die Angehörigen der Mitgliedstaaten geforderten Niederlassungs- und Dienstleistungsfreiheit (Artikel 52 und 59 EWGV). In Anwendung einer Direktive des EG-Ministerrates vom 28. 6. 1973[11] wurde

---

[9] Vgl. *Dermitzel / Damm / Richebächer,* S. 212 f.

[10] *Gavalda / Stoufflet* (II), S. 257 f.

[11] Richtlinie des Rates vom 28. 6. 1973 zur Aufhebung der Beschränkungen der Niederlassungsfreiheit und des freien Dienstleistungsverkehrs für selb-

deshalb durch Gesetz vom 10. 7. 1975 festgelegt, daß die Angehörigen der EG-Mitgliedstaaten wie Personen französischer Nationalität angesehen werden, und daß eine individuelle Ausnahmegenehmigung für sie nicht mehr notwendig ist. Darüber hinaus wurde die vom Nationalen Kreditrat bis dahin geführte Spezialliste für Auslandsbanken aufgehoben. Alle in Frankreich zugelassenen Bankunternehmen sind nunmehr auf einer einheitlichen Liste beim Nationalen Kreditrat geführt[12].

Für die eingetragenen Finanzierungsinstitute gelten die gleichen persönlichen Berufszutrittsschranken wie bei den Banken (Abschnitt II, III des Gesetzes vom 14. 6. 1941)[13].

2. Strukturelle Berufszutrittsschranken

Im Unterschied zu den personellen Voraussetzungen, die eine gewisse Seriosität des Bankenberufs sichern wollen, beziehen sich die strukturellen Regelungen darauf, Mindestschranken für die wirtschaftliche Lebensfähigkeit der Banken zu schaffen und eine effektive Kontrolle des Kreditgewerbes zu ermöglichen[14].

a) Juristische Form

Nach Artikel 6 des Gesetzes vom 13. 6. 1941 sind neben der Einzelunternehmung drei Gesellschaftsformen zugelassen: die offene Handelsgesellschaft, die Kommanditgesellschaft oder Kommanditgesellschaft auf Aktien, und die Aktiengesellschaft. Die beiden ersten Gesellschaftsformen sollen dem Einleger eine gewisse Sicherheit durch die Eigenverantwortlichkeit der Mitglieder gewährleisten, die Aktiengesellschaft durch das unangreifbare Mindestgesellschaftskapital. Gesellschaften mit beschränkter Haftung und Aktiengesellschaften mit variablem Kapital wollte der Gesetzgeber ausschließen, da sie geringere Garantien hinsichtlich ihrer Zahlungsfähigkeit aufweisen[15].

Dagegen können die Finanzierungsinstitute alle Gesellschaftsformen annehmen (Artikel 8 des Gesetzes vom 14. 7. 1941)[16].

ständige Tätigkeiten der Kreditinstitute und anderer finanzieller Einrichtungen, ABl. L 194 vom 16. 7. 1973.

[12] Conseil National du Crédit, Rapport 1975, S. 219 f.

[13] *Gavalda / Stoufflet* (II), S. 274.

[14] Vgl. *Gavalda / Stoufflet* (II), S. 262.

[15] Auch erleichtert die Vereinfachung und Vereinheitlichung der möglichen juristischen Formen eine Kontrolle durch die Aufsichtsorgane, *Gavalda / Stoufflet* (II), S. 262 f.

[16] *Fournier* (IV): Les institutions et mécanismes bancaires en France, in: Institut d'études bancaires et financières (Hrsg.): Institutions et mécanismes bancaires dans les pays de CEE, S. 168.

b) *Kapitalminima*

Jede Bank muß gemäß Artikel 8 des Gesetzes vom 14. 6. 1941 (geändert durch Dekret vom 25. 1. 1966 und vom 4. 2. 1972) ein durch Erlaß des Wirtschafts- und Finanzministers festgesetztes Mindestgesellschaftskapital aufweisen, das entsprechend der Geschäftsart, der juristischen Form und der Filialzahl variiert.

Zunächt waren die Ziffern so niedrig angesetzt, daß man von der Legalisierung eines „artisanat bancaire" (Bankenhandwerks) sprechen konnte, da der Gesetzgeber 1941 die bestehenden Verhältnisse berücksichtigen wollte. Damals betrachteten sich zahlreiche kleine Unternehmen als Banken, deren Tätigkeit auch mit den lokalen Bedürfnissen vereinbar war. Zudem wollte sich der Gesetzgeber nicht dem Vorwurf aussetzen, Großunternehmen zu begünstigen[17].

Die alten Kapitalminimaziffern wurden jedoch bald ungenügend, da die wirtschaftliche Expansion und die Einrichtung des Gemeinsamen Marktes eine Konzentration der französischen Handels-, Industrie- und Landwirtschaftsunternehmen verlangte, der eine Konzentration der Bankenstruktur entsprechen mußte[18]. Auch hatte die Erfahrung gezeigt, daß die bis dahin geltenden Mindestkapitalkriterien unzureichend waren, da sie die Geschäftsarten der verschiedenen Banken nicht berücksichtigten[19]. So sind die Eigenkapitalerfordernisse für Beteiligungsbanken, deren Hauptgeschäftstätigkeit die Gewährung langfristiger Kredite und das Beteiligungsgeschäft ist, ganz anders als bei den Depositenbanken, deren Aktivitäten im Bereich des kurz- und mittelfristigen Kredites liegen. Das Dekret vom 25. 1. 1966 legte deshalb fest, daß das Mindestkapital nach Rechtsform, Anzahl der Niederlassungen sowie nach Banktyp unterschiedlich bestimmt wird[20]. Ein Erlaß vom 25. 5. 1966 erhöhte die alten gesetzlichen Ziffern für Beteiligungsbanken von 1 Mio. Frs. auf 20 Mio. Frs. in der Rechtsform einer Aktiengesellschaft, von 400 000 Frs. auf 10 Mio. Frs. in einer anderen Rechtsform, und verdoppelte sie für die übrigen Banken auf 2 Mio. Frs. bzw. 800 000 Frs.; bei weniger als drei Dauerbetriebsstätten war jeweils nur die halbe Summe erforderlich[21].

Bei diesen Änderungen der Mindestkapitalanforderungen waren die Geschäftsgröße und die Einlagensumme noch nicht mit in die Überlegung einbezogen gewesen; so hatten von 1966 bis 1972 z. B. die Publi-

[17] Näher dazu *Dupont*, S. 70.

[18] So *Gavalda / Stoufflet* (II), S. 264 f.

[19] Vgl. die Rede von Michel Debré am 10. 6. 1967 vor dem Nationalen Kreditrat, *Bardout*, Bd. II, S. 11.

[20] *Branger*, Bd. I, S. 90.

[21] *Fournier* (IV), S. 168.

kumseinlagen um 73 % zugenommen, und es entstand die Gefahr eines krassen Mißverhältnisses zwischen dem Betrag der Eigenmittel der Banken und den von ihnen gesammelten Einlagen. Das Dekret vom 4. 2. 1972 trug deshalb auch dem Geschäftsvolumen Rechnung, und ein Erlaß vom selben Tag hob die verschiedenen Sätze noch einmal an.

Die gegenwärtigen Kapitalminima (in der Fassung vom 4. 2. 1972) betragen für Depositenbanken und Banken des mittel- und langfristigen Kredits 5 Mio. Frs. in der Rechtsform der Aktiengesellschaft, 2 Mio. Frs. in anderen Rechtsformen; jeweils sind diese Zahlen verdoppelt bei Banken, deren Gesamtbilanz im Verlauf zweier aufeinanderfolgender Geschäftsjahre 300 Mio. Frs. übersteigt.

Für die Beteiligungsbanken, bei denen die Mindestkapitalerhöhung 1966 am spürbarsten gewesen war, wurde die Mindestausstattung mit Eigenkapital von 20 Mio. Frs. bzw. 10 Mio. Frs. beibehalten[22].

Auch die Finanzierungsinstitute unterliegen Mindestkapitalanforderungen (Artikel 10 des Gesetzes vom 14. 6. 1941, modifiziert durch Dekret vom 16. 10. 1958).

Gemäß Erlaß vom 25. 5. 1966 betrugen diese für Ratenzahlungs- und Immobilieninstitute 1 Mio. Frs. in der Rechtsform einer Aktiengesellschaft oder GmbH, 500 000 Frs. in anderen Rechtsformen; für die übrigen Institute galten 100 000 Frs. bzw. 20 000 Frs. 1972 wurden diese Beträge mit 2,5 multipliziert (Erlaß vom 4. 2. 1972). Die Sätze wurden darüber hinaus immer differenzierter gestaltet gemäß der Geschäftsnatur der Institute. So müssen Institute des Ratenzahlungskredits oder des Immobilienkredits in der Rechtsform einer Aktiengesellschaft oder GmbH 2,5 Mio. Frs., in anderer Rechtsform die Hälfte nachweisen. Die Leasing betreibenden Unternehmen müssen über ein um 300 000 Frs. bis 2 Mio. Frs. erhöhtes Kapital je nach Rechtsform verfügen. Bei den Gesellschaften des Immobilienleasings wurde das Mindestkapital von 10 Mio. auf 25 Mio. Frs. heraufgesetzt[23].

Während die Banken teilweise von selbst ihr Kapital entsprechend der Einlagenzunahme erhöht hatten, so daß die Vollziehung der Kapitalminimavorschriften keine so großen Probleme aufwarf (für die bereits eingeschriebenen Institute gab es eine Aufschubfrist bis zum 30. 6. 1974), hatten die Finanzierungsinstitute hingegen Mühe, den neuen Anforderungen immer zu entsprechen[24].

---

[22] *Gavalda / Stoufflet* (II), S. 265 f.; *Petit-Dutaillis* (I): La Banque Francaise. Evolution des activités et des structures, S. 124.

[23] *Gavalda / Stoufflet* (II), S. 275 f.

[24] *Gavalda / Stoufflet* (II), S. 266.

Ausländische Banken unterliegen Artikel 9 des Dekrets vom 28. 5. 1946, wonach sie „entsprechend der Zweckbestimmung aller ihrer Geschäfte und Investierungen in Frankreich ein Kapitalminimum aufweisen müssen, das dem von den französischen Banken verlangten entspricht“. Die Anwendbarkeit dieses Textes auf ausländische Beteiligungsbanken und Banken des mittel- und langfristigen Kredits war zweifelhaft, da das Dekret nur Depositenbanken erwähnte. Dies wurde durch eine Verordnung vom 25. 1. 1966 geändert, und das Dekret betrifft nunmehr unzweifelhaft alle ausländischen Banken.

Die Nichtbeachtung der Kapitalminimaregelungen hat entweder die Nichteinschreibung oder die Löschung der Bank in der Bankenliste zur Folge[25].

Die im Laufe der letzten 10 Jahre stark angehobenen Beträge des notwendigen Mindestkapitals entsprachen dem Willen des Staates, durch Erhöhung der Marktzutrittskosten den Berufszugang und die Berufsausübung auf Großunternehmen zu beschränken und kleinere Familienbanken zum Verschwinden zu bringen[26].

c) *Bedürfnisprüfung*

Die Anträge auf Eintragung in die Bankliste werden über die Berufsverbände geleitet, die sie mit einem Gutachten versehen. Der Nationale Kreditrat überprüft zunächst, ob die bereits genannten Bedingungen erfüllt sind, und danach, *ob die verlangte Erlaubnis durch allgemeine und lokale wirtschaftliche Bedürfnisse gerechtfertigt ist* (Artikel 10 des Gesetzes vom 13. 6. 1941). Es handelt sich hierbei um eine objektive Zutrittsbedingung[27], die der Bankenaufsicht erlaubt, einerseits die frühere Tätigkeit und jetzige Situation des Antragstellers zu berücksichtigen, andererseits je nach allgemeiner oder regionaler Wirtschaftslage die Neueröffnung einer Bank zu genehmigen oder zu verweigern und damit auch auf die Konzentration von Banken in einer Region Einfluß zu nehmen. Als Ziel der Vorschrift wird angesehen, die Schaffung von Banken in Frankreich möglichst rational entsprechend wirtschaftlichen und geldpolitischen Bedürfnissen zu gestalten und zu gewährleisten, daß eine geographische Zone mit Geldinstituten nicht überbesetzt ist[28].

---

[25] *Gavalda / Stoufflet* (II), S. 268.

[26] *Bardout,* Bd. II, S. 11 f.

[27] Dieselbe Regelung bestand in der Bundesrepublik Deutschland seit Anfang der 30er Jahre; durch Urteil vom 10. 7. 1958 erklärte das BVerwG die Bedürfnisprüfung als mit dem Grundgesetz unvereinbar, abgedr. in NJW 1959, S. 590 ff.

[28] Siehe *Gavalda / Stoufflet* (II), S. 268 ff.

Der Begriff „wirtschaftliche Bedürfnisse" ist weder in den Gesetzen von 1941 noch von 1945 näher erläutert, so daß dem Nationalen Kreditrat bei der Anwendung dieser Vorschrift ein sehr weiter Ermessensspielraum offensteht. So hat der Nationale Kreditrat in weitem Maße das Argument der „wirtschaftlichen Bedürfnisse" gebraucht, um Eintragungen neuer Ratenzahlungsunternehmen in den Perioden zu verweigern, in denen er eine schnelle Entwicklung des Verbraucherkredits aus Angst vor inflationsfördernden Tendenzen für inopportun hielt[29]. Weiter wird diese Vorschrift angewandt, um Personen als Unternehmensleiter abzulehnen, die zwar nicht unter die gesetzlichen Untauglichkeitsregeln fallen, die aber dennoch nicht die gewünschte Gewähr für die Ausübung des Bankenberufs bieten[30].

Nach Auskunft des Nationalen Kreditrates spielt die Bedürfnisprüfung zur Zeit in der Praxis nur noch eine geringe Rolle. Seit 1966 wurde Artikel 10 des Gesetzes vom 13. 6. 1941 bei Banken nicht mehr angewandt, obwohl es von 1967 bis Ende 1976 insgesamt 80 Neuzugänge gab. Bei Finanzierungsinstituten griff der Nationale Kreditrat seit 1966 etwa alle zwei Jahre einmal auf diese Vorschrift zurück, wobei ihm zumeist die finanzielle Ausstattung der Antragsteller zweifelhaft erschien[31].

Komplementäres Gegenstück zur Bedürfnisprüfung beim Eintragungsantrag ist die Möglichkeit des Nationalen Kreditrates, eine Bank oder ein Finanzierungsinstitut von der offiziellen Liste zu streichen und damit die Geschäftsausübungserlaubnis zu entziehen, wenn das Kreditinstitut *nicht mehr den allgemeinen oder regionalen Wirtschaftsbedürfnissen entspricht.* Voraus geht eine Stellungnahme des Berufsverbandes (Artikel 11 des Gesetzes vom 13. 6. 1941).

Da bei der endgültigen Streichung einer Bank von der Bankenliste aus wirtschaftlichen Gründen eine Entschädigungspflicht besteht (Artikel 35 a des Gesetzes vom 13. 6. 1941), ist von dieser Maßnahme nie Gebrauch gemacht worden. Streichungen wurden bisher fast immer auf Grund von Aufforderungen der Bankenkontrollkommission oder auf eigenen Wunsch eines Kreditinstitutes vorgenommen[32].

Die beim Eintragungsantrag vorgenommene Bedürfnisprüfung gibt dem Nationalen Kreditrat einen weitreichenden Einfluß auf die Gestal-

---

[29] *Fournier* (IV), S. 168 f.

[30] *Petit-Dutaillis* (I), S. 124; *Dupont*, S. 79.

[31] Die Fluktuation bei den Finanzierungsinstituten ist recht groß. Ihre Gesamtzahl nahm zwar seit 1946 stetig ab (1946: 560 Institute, 1960: 476, 1970: 421, Ende 1976: 408); jedoch wurden beispielsweise 1976 11 Institute vom Nationalen Kreditrat neu registriert und 12 gestrichen; siehe Conseil National du Crédit, Rapport 1976, S. 211.

[32] Fälle bei *Gavalda / Stoufflet* (II), S. 273; *Fournier* (IV), S. 169.

tung der Bankenstruktur. Damit diese nicht eigenmächtig von den einmal eingeschriebenen Instituten geändert wird und die bei der Einschreibung vom Nationalen Kreditrat verfolgte Politik leerläuft, ergänzen weitere Vorschriften dessen Kompetenzen. So müssen ihm alle Veränderungen mitgeteilt werden, die seit dem Antrag eingetreten sind, und bis 1968 mußte ein neuer Einschreibungsantrag gestellt werden, wenn sich die Veränderungen auf die juristische Form, den Ort des Gesellschaftssitzes, die Nationalität, die Geschäftsnatur oder die Firma des Unternehmens bezogen[33]. Seit 1968 genügt hier eine Erlaubnis des Nationalen Kreditrates, die allerdings auch auf den Kauf oder Verkauf von Bankaktien ausgedehnt wurde, soweit durch ein solches Geschäft eine 20 %ige Anteilseignerschaft erlangt wird oder der Preis 10 Mio. Frs. übersteigt[34].

Das Instrument der Bedürfnisprüfung, unterstützt von den weitreichenden Informations- und Erlaubnispflichten, gewährleistet somit auch bei zurückhaltendem Einsatz, daß die Bankenstruktur zumindest nicht gegen den Willen des Nationalen Kreditrates verändert oder in eine bestimmte Richtung entwickelt werden kann.

3. Bankenspezialisierungen

a) Statutenmäßige Arbeitsteiligkeit bis 1966/67

Die Spezialisierung der eingeschriebenen Banken auf Grund der Gesetze von 1945/46 bildete bis zu den Bankreformen 1966/67 eines der Hauptmerkmale der französischen Bankwirtschaft. Diese Bankenspezialisierung hatte sich in Frankreich im Unterschied zu Deutschland historisch herausgebildet, und als 1941 und 1945 der Gesetzgeber vor der Notwendigkeit einer generellen Bankenregelung stand, legalisierte er nur die bestehende Situation[35]. Bei der Eintragung in die Bankenliste klassifiziert der Nationale Kreditrat gemäß Artikel 4 des Gesetzes vom 12. 2. 1945 die Unternehmen in Depositenbanken, Beteiligungsbanken und Banken des mittel- und langfristigen Kredits[36]. Die Bankenkontrollkommission kann gemäß Artikel 1 des Gesetzes vom 17. 5. 1946 entgegen dem Bankenantrag innerhalb von 2 Monaten eine Einstufung in eine andere Bankenkategorie vornehmen oder auch später eine Klassifizie-

[33] Entscheidung genereller Art des Nationalen Kreditrates vom 17. 9. 1942 und 7. 6. 1945, siehe *Fournier* (IV), S. 169.

[34] Entscheidung genereller Art des Nationalen Kreditrates vom 3. 4. 1968, siehe *Gavalda / Stoufflet* (II), S. 250 f.

[35] Dazu mit Gründen für die Bankenspezialisierung in Frankreich *Dupont*, S. 154 ff., 157.

[36] Die Finanzierungsinstitute werden gemäß Artikel 7 des Gesetzes vom 14. 6. 1941 in einer eigenen Liste registriert.

rung ändern, wenn die Geschäftstätigkeit einer Bank nicht mehr den Bedingungen entspricht, welche die ehemalige Einstufung rechtfertigte.

Bis 1966 bestanden folgende Unterschiede zwischen den einzelnen Banktypen:

— *Depositenbanken* konnten nur Sichteinlagen oder Einlagen mit einer Laufzeit unter zwei Jahren hereinnehmen. Ihnen war nicht gestattet, Beteiligungen von mehr als 10 % des Eigenkapitals eines Unternehmens zu übernehmen. Unter keinen Umständen konnten Depositenbanken mehr als 75 % ihres Eigenkapitals in Beteiligungen anlegen (Artikel 5 des Gesetzes vom 2. 12. 1945 in der Fassung vom 17. 5. 1946)[37].

— Die Haupttätigkeit der *Beteiligungsbanken* bestand darin, Beteiligungen bei bereits bestehenden oder zu gründenden Unternehmen zu erwerben und Kredite ohne zeitliche Begrenzung an private oder öffentliche Unternehmen zu gewähren, bei denen sie Beteiligungen erworben hatten oder in Zukunft noch erwerben würden. Sie unterlagen Beschränkungen hinsichtlich der Eröffnung von Sichtkonten oder von Konten mit weniger als zweijähriger Laufzeit (Artikel 5 des Gesetzes vom 2. 12. 1945 in der Fassung vom 17. 5. 1946)[38].

— Die Tätigkeit der *Banken für den mittel- und langfristigen Kredit* bestand in der Vergabe von Krediten mit einer Laufzeit von mindestens zwei Jahren. Die Verwaltung von Einlagen mit einer Laufzeit von weniger als zwei Jahren war ihnen verboten. Hinsichtlich ihrer Beteiligungen waren sie denselben Beschränkungen unterworfen wie die Depositenbanken (Artikel 5 des Gesetzes vom 2. 12. 1945 in der Fassung vom 17. 5. 1946)[39].

Die Finanzierungsinstitute ihrerseits konnten keine Publikumseinlagen hereinnehmen und wurden ebenfalls in verschiedene Kategorien aufgeteilt[40].

Die genaue Fixierung der Geschäftstätigkeit der einzelnen Banktypen führte zu einer Abschottung der jeweiligen Bankmärkte; juristische und wirtschaftliche Realität entsprachen einander. Insbesondere verhinderte die tiefgehende Spezialisierungsregelung der Depositen- und Beteiligungsbanken jeden Wettbewerb zwischen diesen zwei wichtigsten Kategorien im Bereich der eingeschriebenen Banken[41]. Dazu hatte der Ge-

[37] *Dupont*, S. 159—164; *Dermitzel / Damm / Richebächer*, S. 229.

[38] *Dupont*, S. 164—170, *Dermitzel / Damm / Richebächer*, S. 234 f.

[39] *Dupont*, S. 170 f.; *Dermitzel / Damm / Richebächer*, S. 236.

[40] Siehe oben Kapitel I. 2. und Crédit Lyonnais: Rapport annuel pour l'exercise 1972. L'évolution des structures bancaires en France, in: Problèmes Economiques, 31. 10. 1973, S. 2—10 (2 f.).

[41] *Denizet:* Evolution récente et future de la banque, in: Revue d'Economie Politique, Juni 1970, S. 448—474 (457).

setzgeber die Spezialstatuten für den öffentlichen und halböffentlichen Sektor ausgearbeitet[42], deren Ziel es war, streng die verschiedenen Bankaktivitäten voneinander zu trennen. Den statutenmäßigen Unterschieden entsprach so eine allgemeine wettbewerbshindernde Abschließung der einzelnen Bankmärkte: die Depositenbanken waren auf Sichtguthabensammlung und die Verteilung kurzfristiger Kredite spezialisiert, die Beteiligungsbanken auf langfristige Unternehmensfinanzierungen, die Sparkassen auf die Annahme von Spargeldern und die öffentlichen und halböffentlichen Institute auf die Verteilung langfristiger Mittel[43].

b) *Angleichung der Depositen- und Beteiligungsbankstatuten*

Die gesetzliche Unterscheidung zwischen Depositen- und Beteiligungsbanken wurde durch mehrere Verordnungen im Zuge der Bankreformen 1966/67 gemildert. Entsprechend den Schlußfolgerungen der Commission de l'Economie Générale et du Financement du Ve Plan hielt es die Regierung für notwendig, den Banken die Möglichkeit zu geben, das Volumen ihrer stabilen Mittel[44] und ihrer langfristigen Beteiligungen zu erhöhen und so eine aktivere Rolle bei der Transformation ihrer Mittel zu spielen. Dadurch sollten die Banken zur Investitionsfinanzierung verstärkt beitragen[45].

Durch Dekret vom 25. 1. 1966 wurden deshalb die Depositenbanken ermächtigt, Einlagen mit einer längeren Laufzeit als zwei Jahre hereinzunehmen, so daß sie hinsichtlich ihrer Mittelbeschaffung heute den gleichen Regeln unterliegen wie die Beteiligungsbanken. Der Text des modifizierten Artikel 5 des Gesetzes vom 2. 12. 1945 definiert nunmehr als Depositenbanken diejenigen Banken, *„deren Hauptaktivität darin besteht, Kreditgeschäfte zu tätigen und vom Publikum Sicht- und Termineinlagen entgegenzunehmen"*.

Weiter wurde den Depositenbanken durch Dekret vom 23. 12. 1966 und vom 1. 9. 1967 erlaubt, statt 10 nunmehr 20 % Beteiligungen an Industrie- und Handelsunternehmen zu erwerben[46]. Soweit hiernach Beteiligungen zugelassen sind, dürfen sie insgesamt, einschließlich ge-

---

[42] Siehe den Überblick oben Kapitel I. 3. und 4.

[43] Siehe *Bardout* in seinem Vorwort zu Band I.

[44] Spargelder und kurz- und mittelfristige Gelder der Banken, die eine wesentlich geringere Umlaufgeschwindigkeit haben als Scheckkonten oder laufende Konten.

[45] Vgl. *Bardout*, Bd. II, S. 24; *Fournier* (III), S. 827.

[46] 100 % dürfen Beteiligungen an anderen Banken, Finanzierungsgesellschaften und solchen Gesellschaften erreichen, die Dienstleistungen im Interesse der Banken erbringen, *Gavalda / Stoufflet* (II), S. 113 f.

zeichneter neuer Aktien, die Eigenmittel der Bank nicht überschreiten (bisher 75 %). Termineinlagen mit einer Laufzeit von unter zwei Jahren dürfen allerdings nicht im Beteiligungsgeschäft verwandt werden[47].

Gleichzeitig wurden die Beteiligungsbanken durch Dekret vom 25. 1. 1966 ermächtigt, Sicht- und kurzfristige Termineinlagen von jedermann entgegenzunehmen, was sie ihrerseits den Depositenbanken annäherte[48]. Beteiligungen dürfen nicht — wie bei den Depositenbanken — mit kurzfristigen Mitteln finanziert werden.

Die Vorschriften für die Banken des mittel- und langfristigen Kredits blieben unverändert[49], ebenso die Unterscheidungen bei den Finanzierungsinstituten.

Die jetzige statutenmäßige Unterscheidung zwischen Depositen- und Beteiligungsbanken hält somit zwar noch eine gewisse Spezialisierung aufrecht. Sie dient jedoch hauptsächlich nur noch als juristischer Rahmen. So wurden einige große Beteiligungsbanken (Banque de l'Union Europeénne, Banque de Paris et des Pays-Bas, Banque Rothschild) zu Depositenbanken, ohne ihre Geschäftstätigkeit grundlegend zu ändern. Sie veräußerten entweder Beteiligungen, soweit sie über die für Depositenbanken bestimmten Höchstgrenzen hinausgingen oder trennten die entsprechenden Geschäftssparten voneinander und übertrugen sie auf eine Holdinggesellschaft[50]. Diese Umstufungen zeigen, daß die Überreste des einstigen Trennsystems heute nur noch gering sind. Ihren sprachlichen Niederschlag hat diese Entwicklung auch darin gefunden, daß die großen Depositenbanken heute als „Banques à tout faire" charakterisiert werden[51]. Bei dieser Universalisierungstendenz hatten die Depositenbanken allerdings einen erheblichen Wettbewerbsvorteil, da sie bereits ein weitverzweigtes Filialnetz besaßen.

Daß die Entwicklung zur Universalbank nicht problemlos ist, wird in der französischen Bankpraxis jedoch erkannt. Zum einen sieht man Spezialisierung als einen wichtigen Faktor für die Produktivität von Bankleistungen an. Zum anderen werden offen die möglichen Interessenkonflikte im Universalbankensystem zugegeben, die insbesondere entstehen, wenn eine Bank gleichzeitig Mehrheitsaktionär und Kreditgeber ist[52].

---

[47] Die Bankenkontrollkommission kann Beteiligungsrechte über die gesetzlich fixierten Grenzen hinaus gewähren, *Gavalda / Stoufflet* (II), S. 222 f.

[48] *Bardout*, Bd. II, S. 10.

[49] *Gavalda / Stoufflet* (II), S. 126.

[50] *Fournier* (III), S. 832 mit näheren Daten.

[51] *Fournier* (III), S. 835.

[52] Siehe *Bloch-Lainé:* Une banque nationalisée en 1973, in Banque, Juni 1973, S. 527—533 (528).

Es bestehen auch Unterschiede zwischen den einzelnen Banktypen fort: bei den Depositenbanken und den Banken des mittel- und langfristigen Kredits machten Beteiligungen 1973 0,8 % der Bilanzsumme aus, während sie bei den Beteiligungsbanken 7,4 % erreichten[53]. Umgekehrt sammeln Beteiligungsbanken und Banken des mittel- und langfristigen Kredits sehr wenig Einlagen und refinanzieren sich teilweise bis zu 90 % auf dem Geldmarkt, während die Depositenbanken auf Grund ihrer intensiven Einlagenpolitik dort oft sogar als Anbieter für andere Banken auftreten[54].

Parallel zu der Despezialisierung zwischen Depositen- und Beteiligungsbanken entstand eine Anzahl von Unternehmen, die sich wiederum betont auf bestimmte Geschäfte verlegten[55]:

— die Banken des mittel- und langfristigen Kredits,
— Leasinggesellschaften, insbesondere für Immobiliengeschäfte,
— Niederlassungen ausländischer Banken[56].

Hier sei auch nochmals auf den öffentlichen und halböffentlichen Banksektor verwiesen, der größtenteils aus stark spezialisierten Unternehmen besteht[57]. In diesem Bereich gibt es jedoch ebenfalls Angleichungstendenzen in den Statuten, die wettbewerbsfördernd wirken. So verfügen die Sparkassen seit den Bankreformen nicht mehr über das Monopol für Sparkonten, andererseits wurde ihr Geschäftsbereich zunehmend erweitert[58]. Beim Crédit Agricole wurde der mögliche Personenkreis seiner Gesellschafter und Kreditnehmer vergrößert[59], und seit 1967 kann er Zweigstellen auch in Stadtgebieten eröffnen; hier ist er in seiner Geschäftstätigkeit allerdings auf die Annahme von Einlagen beschränkt[60].

Die ehemals bestehenden wettbewerbshindernden Marktabschließungen zwischen den einzelnen Banktypen und -sektoren sind somit seit den Bankreformen weniger rigide geworden.

---

[53] *Immenga* (II): Beteiligungen von Banken in anderen Wirtschaftszweigen, S. 19.

[54] *David* (II): Les limites du contrôle monétaire, in: Banque, Okt. 1977, S. 1031—1038 (1031 f.).

[55] Auf diese Gegentendenz machen aufmerksam *Galula / de Blacas*, S. 2.

[56] Siehe oben Kapitel I. 1. c).

[57] Siehe oben Kapitel I. 3. und 4.

[58] Siehe oben unter I. 4.

[59] *Gavalda / Stoufflet* (II), S. 160.

[60] Siehe *Bardout*, Bd. II, S. 24. Der Crédit Agricole darf Darlehen nur in ländlichen Gebieten gewähren. Er verlangt eine Ausweitung seines Tätigkeitsbereiches, da inzwischen zwei Drittel seiner Ressourcen von außerhalb der Landwirtschaft stammen und — insbesondere auf Grund der Kreditbegrenzungsnormen — ein andauernder Liquiditätsüberhang sein Hauptproblem ist, siehe Le Monde vom 8. 5. 1976, S. 43; vom 18. 5. 1976, S. 42; vom 24. 9. 1977, S. 44.

4. Filialregelung

a) Das Erlaubnisverfahren bis 1967

Einschlägig für die Zweigstellenpolitik des Nationalen Kreditrates sind die Generalklausel des Artikels 33 des Gesetzes vom 13. 6. 1941, die den Nationalen Kreditrat befugt, Entscheidungen genereller Art hinsichtlich der Kredittechnik und der Organisation des Bankenberufes zu treffen, Artikel 13 dieses Gesetzes, wonach der Nationale Kreditrat an der Ausarbeitung aller Projekte teilnimmt, welche die Bankenkonzentration und die Verringerung der allgemeinen Unkosten durch Organisations- und Methodenverbesserung betreffen, und Artikel 34 dieses Gesetzes, auf Grund dessen der Nationale Kreditrat Zweigniederlassungen schließen kann, wenn dies durch allgemeine oder regionale wirtschaftliche Bedürfnisse gerechtfertigt ist[61].

Bis 1967 unterschied man zwischen *permanenten*[62], *periodischen*[63] und *saisonalen*[64] Zweigniederlassungen der eingeschriebenen Banken. Die Eröffnung permanenter Zweigstellen war von einer vorangehenden Genehmigung des Nationalen Kreditrates abhängig; die Eröffnung periodischer oder saisonaler Zweigstellen war dagegen nur einer Anzeigepflicht unterworfen[65].

In einer ersten Periode zwischen 1946 und 1948 wollte der Nationale Kreditrat den Banken bei der Senkung ihrer allgemeinen Unkosten behilflich sein und schloß nach einer eingehenden Studie, an der die Banken teilhatten, 169 permanente Filialen[66]. Hiervon waren zu 70 % die nationalisierten Banken betroffen. Bei diesen Bestrebungen, das Bankennetz zu rationalisieren, ging der Nationale Kreditrat davon aus, daß zu viele Niederlassungen im Stadtbereich vorhanden waren und daß dies in übertriebenem Maße die allgemeinen Unkosten erhöhe[67] und in einen übermäßigen Wettbewerb führe, während andererseits auf dem Lande

---

[61] Mit Entschädigungspflicht gemäß Artikel 35 c des Gesetzes vom 13. 6. 1941, wenn die Filiale mindestens 2 Jahre bestand und die Bank einen Schaden nachweist.

[62] Mehr als 2 Tage pro Woche geöffnet.

[63] Maximal 2 Tage pro Woche geöffnet.

[64] Maximal 4 Monate hintereinander pro Jahr geöffnet; vor 1954 hatte man eine etwas andere Einteilung der Filialtypen, siehe *Dupont*, S. 204.

[65] Réglementation des ouvertures de guichets de banques (o. V.), in: Banque, Febr. 1967, S. 127; *Beauvais:* L'évolution du reseau de guichets des banques inscrites depuis 1967, in: Bulletin trimestriel de la Banque de France, Nov. 1974, S. 39—46 (39).

[66] *Beauvais*, S. 40.

[67] Heute bezweifelt man die Richtigkeit dieser Annahmen, siehe *Fournier* (IV), S. 173; *Veillas:* Marketing bancaire, S. 44.

Niederlassungen fehlten[68]. Auch erwartete damals die Öffentlichkeit kurz nach der Nationalisierung der vier großen Depositenbanken (1946), daß ein Teil der Filialen dieser Banken, die häufig sehr dicht beisammenlagen, verschwinden würde[69].

Gegen die damalige restriktive Zweigstellenpolitik opponierten die eingeschriebenen Banken, da die unter Spezialgesetzen stehenden Volksbanken und der Crédit Agricole keinen Beschränkungen in ihrer Filialpolitik unterworfen waren. Um eine Harmonisierung einzuleiten, wurden eine Zeitlang auf Anregung des Wirtschafts- und Finanzministers die Volksbanken genauso streng kontrolliert wie die eingeschriebenen Banken; im Endergebnis aber verfolgte der Nationale Kreditrat von 1949 bis 1958 eine zwar noch restriktive, aber nicht mehr so rigorose Filialpolitik, wie ursprünglich geplant[70]. Immer noch aber nahm er bei einem Antrag auf Zweigstelleneröffnung eine umfassende Untersuchung vor, ob und wieviele andere Banken in einem bestimmten Gebiet bereits Filialen hatten, um eine zu große Filialdichte zu verhindern[71]. Hierbei hatte die Spezialisierung der Geschäftstätigkeiten der verschiedenen Banktypen[72] zu geographischen Spezialisierungen geführt: für Depositenbanken war es schwer, neue Filialen auf dem Land zu eröffnen, und umgekehrt war es bis 1967 dem Crédit Agricole verwehrt, im Stadtgebiet Zweigstellen zu gründen[73]. Teilweise wurde vom Nationalen Kreditrat die Filialpolitik sogar als Mittel der Zinspolitik verwandt: Ende 1950 genehmigte er neue Zweigstellen nur, wenn die beantragenden Banken angemessene Zinsen beim Verbraucherkredit praktizierten[74].

Ab 1959 wurde das Genehmigungsverfahren für die eingeschriebenen Banken in folgenden Fällen liberalisiert: bei Landgemeinden ohne oder mit sehr schwacher Bankendichte und in expandierenden städtischen Neubaugebieten. In den übrigen Fällen gab es nach wie vor eine beachtliche Abweisungsquote aus Furcht vor einer Überbesetzung mit Bankfilialen[75].

Oft versuchte der Bankenverband, der die Filialeröffnungsanträge mit einem Gutachten versehen mußte, bereits im Vorfeld Konflikte zu regeln. So gelangten insbesondere die Großbanken in der Regel in ver-

---

[68] *Dupont*, S. 204 f.

[69] *Fournier* (IV), S. 173.

[70] *Fournier* (IV), S. 173; *Alhadeff:* Competition and controls in banking, S. 120.

[71] Vgl. *Dermitzel / Damm / Richebächer*, S. 215.

[72] Siehe oben unter II. 3. a).

[73] *Bardout*, Bd. II, S. 24 und oben unter II. 3. b) am Ende.

[74] So *Alhadeff*, S. 121 mit Hinweis auf Conseil National du Crédit, Rapport 1955, S. 42.

[75] *Bardout*, Bd. II, S. 24.

bandsinternen Verhandlungen zu einem „gentlemen's agreement", der die freundschaftliche Aufteilung eines neuen Marktes zum Ziel hatte; auf diese Weise wurde offener Streit vor dem Nationalen Kreditrat vermieden, wenn zwei oder mehr Banken in derselben Region eine neue Filiale eröffnen wollten, in der nach Auffassung des Nationalen Kreditrates nur eine „gebraucht" wurde[76].

In den zwanzig Jahren zwischen 1946 und 1967 war die Anzahl der permanenten Zweigstellen der eingeschriebenen Banken um 933 Einheiten gestiegen (Ende 1946: 3 550, Ende 1966: 4 483, Zunahme um 26,3 %), während die Zahl der eingeschriebenen Banken von 444 auf 317 zurückgegangen war. Von den Zweigstellen gehörten 1945 den 4 nationalisierten Banken 52,2 %, Ende 1966 54,4 %[77].

Die restriktive Zweigstellenpolitik des Nationalen Kreditrates bis 1967 war neben dem bis dahin bestehenden Trennsystem in der französischen Bankwirtschaft einer der Hauptfaktoren dafür, daß sowohl zwischen den eingeschriebenen Banken untereinander als auch zwischen diesen und den öffentlichen und halböffentlichen Instituten keinerlei Wettbewerb aufkam[78].

b) Die Liberalisierung der Filialregelung durch die Bankreform

In einer Entscheidung genereller Art vom 10. 1. 1967 hob der Nationale Kreditrat das Genehmigungsverfahren für die Neueröffnung von Zweigstellen auf. Stattdessen besteht nur noch eine Anzeigepflicht bei einer geplanten Filialgründung, und einen Monat nach bestätigtem Empfang dieser Anzeige kann das Projekt verwirklicht werden[79]. Der französische Bankenverband zentralisiert alle Pläne als Informations- und Koordinierungsstelle, damit mögliche Überschneidungen vermieden werden[80]. Inwieweit hierbei über den reinen Informationsaustausch hinaus wettbewerbsbeschränkende Abreden getroffen werden, ist nicht bekannt.

Die Liberalisierung der Zweigstellenregelung in Verbindung mit der Angleichung der Depositen- und Beteiligungsbankstatuten entsprach dem Wunsch des Wirtschafts- und Finanzministers, *„ein Wettbewerbsklima zwischen den Banken zu entwickeln, um die französischen Kredit-*

---

[76] *Alhadeff*, S. 117.

[77] *Beauvais*, S. 40 f.

[78] *Fournier* (III), S. 826 und oben Kapitel II. 3. a).

[79] Réglementation des ouvertures de guichets de banques (o. V.), in: Banque, Febr. 1967, S. 127. Die Stellung der eingeschriebenen Banken entspricht nunmehr der Lage der Sparkassen, Volksbanken und des Crédit Agricole, die der restriktiven Filialpolitik des Nationalen Kreditrates nie unterworfen waren.

[80] *Veillas*, S. 15; *Sobotka:* Reformen im französischen Bankwesen, S. 64.

institute auf die internationale Konkurrenz nicht nur im Gemeinsamen Markt, sondern in der ganzen Welt vorzubereiten"[81].

Die Filialfreiheit hatte ein sehr schnelles Wachstum der Zweigstellen zur Folge. Während die nationalisierten Banken hauptsächlich Filialen neu gründeten, versuchten die Privatbanken eher, Depositenbanken zu übernehmen, die bereits über ein weitgestreutes Filialsystem verfügten. So bemühten sich z. B. 1968 sowohl die Compagnie Financière de Suez als auch die Compagnie Financière de Paris et des Pays-Bas — beides damals noch Beteiligungsbanken — in einem langen Kampf um die Kontrolle über den Crédit Industriel et Commercial, einer Depositenbank mit etwa 1 200 Filialen[82]. Auch wurden ca. 1 200 von insgesamt etwa 4 000 der bis 1967 erlaubnisfreien periodischen Zweigstellen in Dauerfilialen umgewandelt[83].

Einige statistische Angaben sollen die Filialentwicklung verdeutlichen[84] [85]:

	1960	*1967*	*1973*	*Ende 1976*
eingeschriebene Banken	3 118	4 849	8 828	9 603
nationalisierte Banken	2 033	2 680	5 223	5 640
ausländische Banken	74	112	252	310
Volksbanken	495	668	1 219	1 384
Crédit Agricole	2 118	3 505		über 4 000
Sparkassen		19 427	23 762	

Die drei nationalisierten Banken konnten ihre marktbeherrschende Stellung unter den eingeschriebenen Kreditinstituten ausbauen. Fast zwei von jeweils drei Zweigstellen aller eingeschriebenen Banken gehören ihnen.

Seit 1974 hat sich die Entwicklung des Zweigstellennetzes verlangsamt, und es scheint ein gewisser Sättigungsgrad erreicht zu sein[86].

---

[81] Brief des Wirtschafts- und Finanzministers vom 15. 12. 1966 an den Zentralbankgouverneur, zitiert bei *Beauvais*, S. 39. Auch die anderen mit den Bankreformen verfolgten Ziele sollten dadurch unterstützt werden, siehe oben unter II. 3. b).

[82] Vgl. *Gavalda / Stoufflet* (II), S. 29 f. und 122 ff.

[83] *Beauvais*, S. 40.

[84] Daten aus: *Bardout*, Bd. II, S. 31 ff.; *Koszul*, S. 103 ff.; Conseil National du Crédit, Rapport 1976, S. 210; Commission de contrôle des Banques, Rapport 1976. Teilweise differieren die Ziffern etwas. Siehe auch oben unter II. 4. a) am Ende.

[85] Bei den Volksbanken, Sparkassen und Crédit Agircole ist zu beachten, daß diese Institutionen noch über zahlreiche periodische Schalter verfügen. Eine der Sparkassenorganisationen (Caisse Nationale d'Epargne) arbeitet — ebenso wie die Postscheckämter — über die Postschalter.

[86] Conseil National du Crédit, Rapport 1976, S. 210.

5. Fusionskontrolle, Gebietsaufteilungen

Nach Artikel 34 des Gesetzes vom 13. 6. 1941 hat der Nationale Kreditrat die Befugnis, Banken eine Fusion vorzuschreiben, wenn allgemeine oder lokale wirtschaftliche Bedürfnisse diese Maßnahme rechtfertigen. Zusätzlich verbot der Nationale Kreditrat in einer Entscheidung allgemeiner Art vom 25. 7. 1947 jede Bankfusion, die nicht ausdrücklich von ihm genehmigt worden ist[87 88].

Weiter hat der Nationale Kreditrat gemäß Artikel 5 des Gesetzes vom 17. 5. 1946 die Kompetenz, den Banken eine bestimmte geographische Tätigkeitszone vorzuschreiben. Falls es zu keiner gütlichen Einigung kommt, können die in Frage stehenden Niederlassungen durch Verordnung des Wirtschafts- und Finanzministers entsprechend einem Vorschlag des Nationalen Kreditrates einer nationalisierten Bank übertragen werden. Hierbei ist eine Entschädigung zu zahlen[89].

Von diesen Möglichkeiten einer Zwangsfusion[90], Fusionsverboten oder Gebietszuweisungen hat der Nationale Kreditrat nie Gebrauch gemacht, da die Bedürfnisprüfung bei Bankenneueröffnungen — und bis 1967 auch bei Zweigstellengründungen — ein bereits hinreichendes Lenkungsinstrument war[91]. So kam es vor, daß Einschreibungsanträge von Banken vor 1966 abgelehnt wurden, wenn eine bestimmte Region bereits mit genügend Kreditinstituten besetzt erschien; wurde der Antrag dann so gestellt, daß eine Niederlassung in eine andere geographische Zone fiel, wurde die Berufsausübungserlaubnis erteilt. Seitdem die Filialeröffnung liberalisiert worden ist, wurde keine Ablehnung mehr aus diesen Gründen ausgesprochen[92].

6. Konzentrationsentwicklung

Der Staat hatte seit 1945 die Konzentration im Bankgewerbe gefördert. Stimulierend auf diese Entwicklung wirkten die Bankreformen von 1966/67, die eine Vervielfachung der Zweigstellen und auch eine Internationalisierung der Banktätigkeiten zur Folge hatten[93].

[87] Siehe *Dermitzel / Damm / Richebächer*, S. 215.

[88] Auf Artikel 13 des Gesetzes vom 2. 12. 1945, wonach der Nationale Kreditrat an allen Projekten teilnimmt, welche die Bankenkonzentration betreffen, wurde bereits hingewiesen, siehe oben unter II. 4. a).

[89] Vgl. *Gavalda / Stoufflet* (II), S. 271, 285.

[90] Sieht man von der Fusion der nationalisierten BNCI und CNEP zur Banque Nationale de Paris ab, die durch Dekret vom 26. 5. 1966 durchgeführt wurde; Conseil National du Crédit, Rapport 1966, S. 129.

[91] Siehe oben Kapitel II. 2. c) und II. 4. a), *Dupont*, S. 205 f.

[92] Auskunft des Nationalen Kreditrates.

[93] *Bardout*, Bd. II, S. 25; siehe auch *Gavalda / Stoufflet* (II), S. 29 ff.

Der Staat selbst begünstigte die Bankenkonzentration, um die Finanzierung der im V. Plan vorgesehenen wirtschaftlichen Expansion zu sichern und die französische Bankwirtschaft international wettbewerbsfähig zu machen. Er initiierte die den Bankreformen nachfolgende Fusionswelle mit der Verschmelzung der BNCI und CNEP zur Banque Nationale de Paris[94]; und die mehrfachen Kapitalerhöhungen, die während der Bankreformen besonders rigoros ausfielen[95], brachten viele kleine und mittlere Unternehmen zum Verschwinden. Auch die Annäherung der Depositen- und Beteiligungsbankstatuten wirkte in dieser Richtung, da sie Übernahmen oder Fusionen zwischen diesen Instituten erleichterte.

Einen weiteren Konzentrationsfaktor bildete die Entwicklung der Refinanzierungsmöglichkeiten des Bankensystems. Eines der Ziele der Bankreformen war es gewesen, die Verschuldung der Banken bei der Zentralbank zu erschweren[96]. In der Folge mußten sich die Banken in immer höherem Maße auf dem Geldmarkt mit Mitteln versorgen; kleinere Banken ohne Zugang zum Geldmarkt waren jedoch gezwungen, sich bei Großbanken zu höheren Sätzen als am Geldmarkt zu refinanzieren. Hinzu kam die besonders für kleine Unternehmen oft untragbare Instabilität der Geldmarktsätze[97]. Deshalb schlossen sich viele kleine Banken zu größeren Gruppen zusammen, um sich zu günstigeren Bedingungen versorgen zu können.

Schließlich implizierte der wachsende Finanzbedarf der Kundschaft[98] notwendig ein Größenwachstum der Banken, ebenso wie der Zugang zum internationalen Geldmarkt, der ein ausreichendes „Standing" voraussetzt[99].

Auch die notwendig gewordene Modernisierung des Bankenbetriebes und die Belebung des Wettbewerbs begünstigte den Konzentrationsprozeß, da die zunehmende Automatisierung, die Einführung von Datenverarbeitung, die Produktvervielfältigung, die Gründung neuer Filialen und nicht zuletzt die intensiv gewordene Kundenwerbung für kleine Institute mit einem zu hohen Aufwand verbunden waren[100].

---

[94] Siehe oben Kapital I. 1. b). *Michel Debré* forderte die Banken auf, dieser beispielhaften Konzentrationsmaßnahme des Staates nachzukommen, siehe seine abgedruckte Rede in Banque, Aug. 1966, S. 542.

[95] Siehe oben unter II. 2. b).

[96] *Geis:* Struktur des Bankwesens in Frankreich, S. 12.

[97] Z. B. von 3—3,5 % im März/April 1972 auf 7—8 % im September 72 und auf 11 % im September 1973.

[98] Die Summe der von den eingeschriebenen Banken verteilten Kredite stieg von 126,27 Milliarden Frs. Ende 1966 auf 420,45 Milliarden Frs. Ende 1974; *Fournier* (III), S. 836.

[99] *Bardout,* Bd. II, S. 26.

[100] *Bardout,* Bd. II, S. 25.

Es konstituierten sich sechs große Bankengruppen (die drei verstaatlichten Unternehmen, Paribas, Suez und Crédit Commercial de France), die mehr als 80 % der Bilanzsumme aller eingeschriebenen Banken auf sich vereinigen[101]; hierbei entfallen allein auf die drei nationalisierten Banken 50 %[102].

Einige Zahlen sollen die Konzentrationsentwicklung verdeutlichen[103]:

	Depositen-banken	Beteili-gungs-banken	Banken des mittel- und langfristigen Kapitals	Insgesamt
Ende				
1946				444
1950	363	38	8	409
1960	281	43	14	338
1967	234	34	24	293
1970	238	22	38	298
1973	247	28	54	329
1976	278	33	62	373

Seit 1969/1970 läßt sich wieder ein Ansteigen der Bankzahlen beobachten. Dies erklärt sich aus der raschen Zunahme ausländischer Banken[104] und der Banken des mittel- und langfristigen Kredits; die Neugründung letzterer ging Hand in Hand mit der Entwicklung des Hypothekarkredits und des Immobilienleasings; es handelt sich hierbei hauptsächlich um Tochtergesellschaften großer Depositenbanken[105].

Darüber hinaus ist auch in Frankreich die Bedeutung der Banken für Konzentrationsentwicklung und -grad des Nichtbankensektors anerkannt[106]. Es bestehen allerdings Unterschiede zu Deutschland, welche die tatsächliche „Bankenmacht" französischer Kreditinstitute gering erscheinen lassen. So ist das in Deutschland gehandhabte Depotstimmrecht in Frankreich nicht üblich[107]. Für Depositenbanken und Banken des mittel- und langfristigen Kredits sind Unternehmensbeteiligungen unter-

---

[101] *Bardout*, Bd. II, S, 30 f.

[102] Commission de Contrôle des Banques, Rapport 1976, S. 20 f. Weitere Zahlen für den beherrschenden Charakter der 3 nationalisierten Banken in diesem Sektor bei *Bardout*, Bd. II, S. 29 f.

[103] Zahlen für Frankreich und Monaco; Daten aus: *Koszul*, S. 103, Conseil National du Crédit, Rapport 1976, S. 208 f.

[104] Siehe oben unter I. 1. c); *Bardout*, Bd. II, S. 28.

[105] *Fournier* (III), S. 832.

[106] Vgl. *Gavalda / Stoufflet* (II), S. 60 f., 124 f.; *Jenny et Weber*: Concentration et politique des structures industrielles, S. 99.

[107] *Gavalda / Stoufflet* (II), S. 61.

sagt, soweit sie über eine 20 %ige Beteiligung hinausgehen. Ihre Beteiligungen im Nichtbankensektor sind minimal, und auch die tatsächliche Einflußnahme der Beteiligungsbanken auf Unternehmen des Nichtbankensektors wird gering eingeschätzt[108]. Allerdings können bereits geringe Beteiligungen Wettbewerbsverfälschungen zwischen Banken zur Folge haben, wenn diese zur Eröffnung und Sicherung von Hausbankfunktionen dienen und damit eine bevorzugte Teilnahme am Einlagen-, Konsortial- und Auslandsgeschäft bewirken[109]. Genaue Untersuchungen über Verflechtungen der Banken mit dem Nichtbankensektor und daraus resultierenden Einflüssen auf die Wettbewerbsverhältnisse sowohl im Banken- als auch im Nichtbankensektor fehlen allerdings in Frankreich[110].

III. Wettbewerbsbeschränkungen auf Grund währungs- und kreditpolitischer Maßnahmen

Neben Bankgesetzen und Regelungen der Bankaufsicht bestimmen auch währungspolitische Maßnahmen stark die Marktbedingungen und Wettbewerbsverhältnisse der Bankunternehmen[1]. Die Durchführung der Währungspolitik obliegt der Zentralbank *(Banque de France)*, deren Leiter von der Regierung ernannt werden, und dem Nationalen Kreditrat *(Conseil National du Crédit)*[2] unter Mitwirkung der Bankenkontrollkommission *(Commission de Contrôle des Banques)*.

In Frankreich war lange Zeit die Diskontpolitik das entscheidende währungspolitische Instrument. Ihre praktische Handhabung wurde bei dem Bemühen, die monetäre Entwicklung mit einem gleichgewichtigen Wirtschaftswachstum in Einklang zu bringen, verschiedentlich variiert, und umfaßte bis zu den Bankreformen auch die Festlegung aller Soll- und Habenzinsen.

Vervollständigt wurde die Zinspolitik in den fünfziger Jahren durch Instrumente zur globalen Beeinflussung der Bankenliquidität; diese wurden geschaffen, weil die mehrfach verstärkt auftretenden inflationären Spannungen nur durch Diskont- und Zinserhöhungen hätten be-

---

108 Siehe *Gavalda / Stoufflet* (II), S. 120, 124; *Immenga* (II), S. 19 f.

109 Vgl. Monopolkommission: Hauptgutachten 1973/75. Mehr Wettbewerb ist möglich, S. 46 f. mit der Empfehlung, Kreditinstituten den Eigenerwerb von Anteilen an Nichtbanken in Deutschland zu untersagen, soweit mehr als 5 % der Summe der Kapitalanteile erworben werden, und das Stimmrecht ruhen zu lassen, soweit darüber hinausgehende Anteilsrechte erworben werden.

110 *Jenny et Weber*, S. 96, 99.

1 Zu den verschiedenen Phasen der französischen Währungspolitik seit 1959: OECD Monetary Studies Series: Monetary Policy in France, S. 41 ff.

2 Präsident des Nationalen Kreditrates ist der jeweilige Wirtschafts- und Finanzminister, Vizepräsident der Gouverneur der Zentralbank.

kämpft werden können, was mit den Zielen des Wiederaufbaues und des Wirtschaftswachstums unvereinbar gewesen wäre[3]. Die Liquiditätspolitik zielte darauf ab, die Kreditgewährung der Banken über ihre Liquiditätsreserven zu lenken. Dies geschah durch die Festlegung von Rediskontkontingenten für jede Bank bei der Zentralbank, durch Richtsätze über Mindestbestände an Wechseln, denen mittelfristige Kredite zugrunde liegen, Richtsätze über die Mindestliquidität und andere Liquiditätskoeffizienten[4].

1967 wurde durch die Einrichtung des Mindestreservesystems das Instrumentarium zur Beeinflussung der Bankenliquidität vereinfacht. Für die Banken bedeuten die Mindestreserven den absoluten Zwang, einen Teil ihrer hereingenommenen Mittel zinslos „einzufrieren". Seit April 1971 werden zusätzlich zu den Passiv-Mindestreserven Aktiv-Reserven auf die den Kunden gewährten Kredite erhoben. Dieses Instrument der Aktiv-Reserven gibt es bisher nur in Frankreich[5]. Darüber hinaus wurde 1972 ein System von „Zusatz-Mindestreserven" geschaffen; davon betroffen sind jene Institute, welche die seit Ende 1972 geltenden Höchstsätze der Kreditexpansion überschreiten[6]. Gleichzeitig setzte seit 1971 zunehmend eine Offenmarktpolitik der Zentralbank ein, welche die Refinanzierung der Banken über Rediskonte zurückdrängte[7].

Daneben wird die Kreditgewährung mit unterschiedlichen Mitteln direkt beeinflußt, um über die Kreditpolitik die gesamtwirtschaftlichen Ziele der Planification zu unterstützen. Die Währungsbehörden greifen hierbei zu einer Differenzierung der Zinssätze, treffen Sonderregelungen für bestimmte Kreditarten, oder sie nehmen vor der Gewährung bedeutender Kredite oder vor Erteilung von Rediskontzusagen eine Einzelprüfung der Kreditunterlagen vor. Daneben werden bestimmte Darlehensarten über die öffentlichen und halböffentlichen Institute durch Vorzugsdiskontsätze systematisch gefördert[8].

Für das Bankensystem sind die Instrumente der staatlichen Geldpolitik von erheblichem Einfluß auf ihre Geschäftspolitik, und es können Widersprüche zwischen Marktbedürfnissen und Währungspolitik ent-

---

[3] EG-Währungsausschuß: Die Währungspolitik in den Ländern der EWG, S. 161.

[4] EG-Währungsausschuß, S. 164, 173 ff.

[5] Dekret vom 23. 2. 1971, *Bardout*, Bd. II, S. 53; *Chouraqui:* L'expérience de politique monétaire en France, in: Banque, Febr. 1977, S. 153—162 (156).

[6] *d'Illiers / Morgenroth*, S. 284.

[7] OECD Monetary Studies Series, S. 30 f.; *Troberg:* Die Bankensysteme in der Europäischen Gemeinschaft, 3. Teil. Frankreich, in: Bank-Betrieb 1974, S. 6—11 (7).

[8] *Fromont:* Bericht über das französische Wirtschaftsrecht, S. 91 ff.

stehen. So droht einer expansiven Politik eines Bankunternehmens häufig das staatliche Verbot, die begonnenen Anstrengungen fortzusetzen. Dies war z. B. der Fall beim Verbraucherkredit, den einige Banken in großem Maße gewährten. Da diese Kreditart als inflationsfördernd angesehen wurde, wurde sie staatlicherseits eingeschränkt. Dadurch wurde die Entwicklung eines Sektors gehemmt, in den zahlreiche Bankunternehmen investiert hatten[9].

Auch wirkt sich die Geldpolitik des Staates unterschiedlich auf die verschiedenen Banktypen aus. So refinanzieren sich Beteiligungsbanken und Banken des mittel- und langfristigen Kredits bis zu 90 % auf dem Geldmarkt, während Depositenbanken, die Publikumseinlagen sammeln, oft auf dem Geldmarkt als Anbieter auftreten; letztere sind gegenüber liquiditätsverknappenden Maßnahmen der Zentralbank weit unabhängiger als erstere[10].

Im Folgenden sollen diejenigen währungspolitischen Maßnahmen beschrieben werden, die nicht nur als Instrumentarien der Globalsteuerung die Marktbedingungen der Bankunternehmen stark prägen, sondern die direkte wettbewerbshindernde oder wettbewerbsverfälschende Auswirkungen haben.

1. Zinsreglementierungen

Auf Grund seiner Befugnis, die Bankkonditionen zu fixieren (Artikel 33 des Gesetzes vom 13. 6. 1941), hatte das *Comité Permanent d'Organisation des Banques* in einer Entscheidung allgemeiner Art vom 9. 5. 1942 die Platzkartelle amtlich bestätigt, die vorher von den Banken im regionalen Rahmen abgeschlossen worden waren[11]. Der Nationale Kreditrat als Erbe dieser Lage übernahm 1945 diese Regelung und vereinheitlichte allmählich die Kreditzinsen (1950) und die Einlagezinsen (1957) der eingeschriebenen Banken und Finanzierungsinstitute für ganz Frankreich[12].

a) Die Habenzinsregelungen

Im Bereich der Habenzinsen (Sichtguthaben, Termineinlagen, Festgeldkonten) hatte der Nationale Kreditrat für die seiner Aufsicht unterstehenden Banken Maximalsätze fixiert, die zunächst je nach Banken-

---

[9] *de Narbonne et Vernimmen*, S. 1053.

[10] Siehe *David* (II), S. 1032.

[11] Les modalités de fixation des conditions de banque en France et à l'étranger (o. V.), in: Banque, Juni 1972, S. 563—569 (564); *Petit-Dutaillis* (I), S. 132; *Bardout*, Bd. II, S. 21.

[12] *Fournier* (I): La rémunération des comptes créditeurs dans les banques. Liberté ou réglementation? in: Banque, Juli/Aug. 1969, S. 537—546 (538).

größe, ihrer juristischen Form, der Einlagendauer und dem Ort der Kontoeröffnung differierten[13].

Trotz drohender Disziplinarmaßnahmen überschritten einige Banken 1955/56 in einer Zeit der Geldknappheit die genannten Maximalsätze, um ihre Einlagen zu vergrößern. Das Schatzamt, das die Auswirkungen des Habenzinsanstieges auf die Plazierung öffentlicher Effekten fürchtete, ließ schließlich durch das Parlament eine Regelung verabschieden, die eine Fiskalstrafe bei derartigen Zuwiderhandlungen vorsah (Artikel 17 des Gesetzes vom 2. 8. 1956)[14].

Von dieser Phase abgesehen hielten sich die Banken im übrigen an die niedrigeren Maximalsätze, die auch dämpfend auf den Anstieg der Kreditzinsen wirkten. Das Ziel der französischen Währungspolitik wurde dadurch erreicht, die mittleren Kreditkosten in Frankreich niedriger zu halten als in den meisten anderen Ländern der westlichen Welt[15].

Die Anlage von Ersparnissen bei Sparkassen und beim Crédit Agricole waren bis 1965 durch Vorzugszinsen — neben steuerlichen Sonderregelungen — begünstigt, um die direkten und indirekten Umläufe des Schatzamtes (Trésor) zu fördern und gleichzeitig wirtschafts- und sozialpolitischen Belangen Rechnung zu tragen.

Jedoch erlitten die Banken auf Grund dieser Regelung Einlagenverluste zugunsten der Kreisläufe des öffentlichen und halböffentlichen Sektors und standen vor dem dauernden Problem knapper Ressourcen. Insbesondere erlaubte die Vorzugsstellung des Crédit Agricole diesem, den Kundenkreis seiner Einleger schnell zu erhöhen[16].

1965 und 1966 wurden deshalb Maßnahmen zur Harmonisierung der Habenzinssätze ergriffen, um gleichartigere Wettbewerbsbedingungen zwischen den eingeschriebenen Banken und den öffentlichen und halböffentlichen Instituten herzustellen[17].

Am 28. 6. 1967 entschied der Nationale Kreditrat, die Verzinsung von Sichtguthaben zu verbieten[18], und erlaubte den Banken, längerfristige und größere Einlagen frei zu verzinsen[19].

---

[13] Les modalités de fixation des conditions de banque en France et à l'étranger (o. V.), S. 564.

[14] Les modalités de fixation des conditions de banque en France et à l'étranger (o. V.), S. 564; *Fournier* (IV), S. 170 ff.

[15] *Fournier* (I), S. 538 f.

[16] Les modalités de fixation des conditions de banque en France et à l'étranger (o. V.), S. 564 f.

[17] Siehe Conseil National de Crédit, Rapport 1965, S. 118; *Fournier* (IV), S. 172.

[18] Ausgenommen von diesem Verbot sind institutionelle Anleger, die zum Geldmarkt zugelassen sind und die von den Banken Zinsen erhalten, die denen des Geldmarktes sehr ähnlich sind.

Diese Veränderungen hatten in Verbindung mit den anderen Reformen von 1967 zum wesentlichen Ziel, die Entwicklung der von den Banken geführten Spareinlagen zu fördern und den Banken zu ermöglichen, das Volumen ihrer nicht mobilisierbaren mittel- und langfristigen Kredite zu erhöhen[20]. Die gewünschten Ergebnisse wurden erreicht; so sank von Ende 1966 bis Mitte 1975 der Anteil der von den eingeschriebenen Banken geführten Sichtguthaben von 76,3 % auf 44,2 % in ihrer Gesamtbilanz, während die Gesamtheit der von den Banken gewährten nicht mobilisierbaren mittel- und langfristigen Kredite von 2,9 % auf 37,1 % stieg[21].

Zur Zeit ist die Verzinsung von Einlagen mit einer Laufzeit von über zwei Jahren oder mit einem Betrag von mehr als 200 000,— Frs. freigegeben[22]. Alle anderen Habenzinssätze blieben staatlich reglementiert. Diese wettbewerbsausschließenden Habenzinsbindungen betreffen den größten Teil aller bei den eingeschriebenen Banken zu verzinsenden Einlagen, nämlich etwa 4/5[23].

Die Zinsen für Einlagen im Bereich der öffentlichen und halböffentlichen Institute (Sparkassen, Volksbanken, Crédit Agricole) entsprechen im Augenblick den Höchstzinssätzen der eingeschriebenen Banken und Finanzierungsinstitute[24]. Sie werden durch Verordnung des Wirtschafts- und Finanzministers bzw. des Landwirtschaftsministers festgelegt[25]. Seit Anfang 1976 sind jedoch die Habenzinsen des Crédit Agricole wie bei den eingeschriebenen Banken für Konten mit einem Betrag über 200 000,— Frs. oder einer Laufzeit von über zwei Jahren freigegeben[26].

Als Wettbewerbsvorteil des Crédit Agricole wird — neben allgemeinen steuerlichen Vorteilen — die staatliche Garantie seiner Emissionen angesehen[27]. Einen weiteren Wettbewerbsvorteil genießen die Sparkas-

---

[19] Entscheidung allgemeiner Art Nr. 67—08 in Conseil National du Crédit, Rapport 1967, Annexes S. 52 ff.

[20] Entsprechend den Zielen des V. Planes, siehe oben unter II. 3. b).

[21] *Fournier* (III), S. 836.

[22] Siehe Conseil National du Crédit, Rapport 1975, S. 229. Zunächst betrug die Grenze 2 Jahre oder 250 000,— Frs., seit dem 8. 5. 1969 ein Jahr oder 100 000,— Frs.

[23] *Chouraqui / Meyer-zu-Schlochtern:* Le comportement du système bancaire francais, in: Banque, März 1977, S. 253—257 (254).

[24] *Levy-Lambert* (I): Les problèmes actuels de rémunération de l'épargne, in: Banque, Sept. 1977, S. 911—917 (912 ff.); Conseil National du Crédit, Rapport 1975, S. 228 f., Rapport 1976, S. 204. Zeitweise sind die Zinsen der eingeschriebenen Banken etwas ungünstiger, siehe den Vergleich bei *de Blacas:* Panorama de la France économique et financière en 1975, in: Economie et Finances Agricoles, Febr. 1976, S. 14—25 (20).

[25] *Gavalda / Stoufflet* (II), S. 157, 162, 188.

[26] Auskunft des Crédit Agricole.

[27] *Gavalda / Stoufflet* (II), S. 162.

sen, bei denen Spareinlagen auf dem Buch *A* bis zu einem Betrag von 38 000,— Frs.[28] steuerfrei sind. Soziale Gesichtspunkte und die Tatsache, daß über die Sparkassen öffentliche Investitionen finanziert werden, gelten dafür als Gründe[29]. Die Inhaber des Sparbuchs *Eins* beim Crédit Mutuel haben seit dem 1. 1. 1976 die gleichen steuerlichen Vorteile wie beim Sparbuch *A* der Sparkassen[30].

b) Die Sollzinsregelungen

Für die Sollzinsen und Provisionen hatte der Nationale Kreditrat bis April 1966 eine Serie von Minimasätzen festgesetzt, die an den Diskontsatz der Zentralbank gekoppelt waren. Ab 1959 wurden diese Sätze an einen Referenzsatz (T) gebunden, der den Diskontsatzänderungen zwar folgte, aber deren Schwankungen abmilderte, da insbesondere Diskontsatzerhöhungen zur Verhinderung von Devisenabflüssen oder aus anderen über den nationalen Rahmen hinausgehenden währungspolitischen Erwägungen nicht immer voll auf französische Unternehmen durchschlagen sollten[31]. Die Minimaregelung war vom Nationalen Kreditrat geschaffen worden, um die Banken vor einem „exzessiven" Wettbewerb zu schützen und Überangebote an Krediten zu fraglichen Bedingungen wie in der Vorkriegszeit zu verhindern. Auch sollte den Banken ermöglicht werden, genügend Einnahmen zu realisieren, um ihre durch Krieg und Inflation verringerten Eigenmittel allmählich wieder aufzubauen[32].

Obwohl die Minimasätze für die Sollzinsen ab 1957 auf relativ niedrigem Niveau festgesetzt waren, um den Wiederaufbau und die Entwicklung der französischen Industrie zu fördern, sicherte das „fair play" der Banken und der Druck des Bankenverbandes die Respektierung dieser Regelungen, so daß auch ein erstklassiger Kunde überall die gleichen Konditionen vorfand[33].

Bei bestimmten Kreditarten wie Ratenzahlungskrediten und Krediten zum Wohnungserwerb hatte der Nationale Kreditrat Maximalsätze fest-

---

[28] Le Monde vom 10. 11. 1977, S. 40. Bis dahin war die Grenze 32 500,— Frs.

[29] Kritisch dazu *Levy-Lambert* (I), S. 912 f. Zum einen ist die Legende vom Volkssparen statistisch widerlegt; die Hälfte der Einlagen auf dem Buch A stammen von wohlhabenden Kunden, siehe *Antoine Coutière:* La clientèle des caisses d'épargne, in: Banque, Sept. 1976, S. 875—883; zum andern entgehen der öffentlichen Hand durch die Steuerfreiheit dieses Sparbuchs 2 Milliarden Frs. (1975), siehe Comité du financement du 7e Plan, Paris 1976, Annexes, S. 360.

[30] Le Monde vom 25. 5. 1976, S. 32.

[31] *Petit-Dutaillis* (I), S. 132.

[32] Les modalités de fixation des conditions de banque en France et à l'étranger (o. V.), in: Banque, Juni 1972, S. 564; *Petit-Dutaillis* (I), S. 132: Eigenmittel zu Verbindlichkeiten 1938 16 %, 1950 2,5 %, 1972 5,7 %.

[33] *Denizet*, S. 457.

gelegt und eine Werbung verlangt, die es dem Kunden erlaubte, die wirklichen Kreditkosten zu errechnen.

Am 18. 3. 1966 hob der Nationale Kreditrat die Sollzinsregelung auf und entschied, daß die Banken in Zukunft frei ihre Tarife und Konditionen für alle Kreditgeschäfte berechnen sollten. Dahinter stand der Wunsch, an die Stelle eines staatlich garantierten Profits den Wettbewerb als Quelle von Verbesserungen und Kostensenkungen in die Bankwirtschaft einzuführen[34]. Eine Senkung der allgemeinen Unkosten oder der Sollzinsen wurde durch die Wettbewerbsfreiheit in diesem Bereich allerdings nicht erreicht[35].

Höchstsätze für die Sollzinsen wurden durch ein Gesetz gegen Zinswucher vom 28. 12. 1966 bestimmt. Danach sind Zinsen wucherisch,

a) wenn sie um mehr als ein Viertel den tatsächlich angewandten mittleren Zinssatz übersteigen, so wie er in den letzten 3 Monaten vor Krediteröffnung von den eingeschriebenen Banken und Finanzierungsinstituten für Geschäfte gleicher Art verlangt oder vom Nationalen Kreditrat festgelegt wurde,
b) oder wenn sie die doppelte Höhe der durchschnittlichen Effektivverzinsung der im letzten Halbjahr ausgegebenen privaten Obligationen übersteigen[36].

Diese Durchschnitts- und Höchstsätze werden vierteljährlich vom Nationalen Kreditrat im Journal Officiel für die verschiedenen Kreditarten festgestellt und veröffentlicht.

Die erwähnten Maximalsätze für Ratenzahlungskredite hob der Nationale Kreditrat in einer Entscheidung vom 9. 3. 1967 auf, da die Verabschiedung des Wuchergesetzes die Spezialvorschriften für diese Geschäfte überflüssig gemacht hatte[37].

Seit Aufhebung der Sollzinsregelungen hängen somit die Kreditkonditionen der eingeschriebenen Banken und Finanzierungsinstitute im Prinzip von den mittleren Kosten ihrer Einlagen ab, von den Durchschnittskosten ihrer Refinanzierung bei der Zentralbank oder auf dem Geldmarkt[38] und von ihren allgemeinen Unkosten. Der Freiraum der

---

[34] Siehe *Fournier* (IV), S. 171; Ministère de l'Economie et des Finances. Services de l'information. Note Documentaire vom 18. 2. 1969.

[35] Als Gründe dafür werden die 1966 sehr niedrig festgelegten Minimasätze, die steigenden Kosten und der teuere Geldmarkt genannt, siehe *Fournier* (IV), S. 171 f.

[36] Gesetz Nr. 66—1010 von 28. 12. 1966, vgl. *Geis*, S. 29.

[37] *Fournier* (IV), S. 172.

[38] Siehe *Chouraqui / Meyer-zu-Schlochtern*, S. 254.

Banken bei der Gestaltung ihrer Kreditkonditionen und der seit den Bankreformen hier mögliche Zinswettbewerb wird in praxi jedoch zunehmend von den Währungsbehörden beschränkt, die nicht zögern, auf die drei nationalisierten Banken und damit indirekt auf den ganzen Bereich der eingeschriebenen Banken Druck auszuüben, um eine Erhöhung der Kreditkonditionen zu bremsen oder eine Senkung herbeizuführen[39]. Diese informelle staatliche Einflußnahme auf die Kreditkonditionen wird von den Währungsbehörden in Zeiten von Kreditplafondierungen regelmäßig verstärkt, da sonst die Banken auf Grund des Nachfrageüberhangs ihre Kredite in unerwünschtem Maße verteuern könnten[40] [41].

Die Sollzinsen der öffentlichen und halböffentlichen Institute sind in der Regel günstiger als die Zinsen der eingeschriebenen Banken, da diese Institute über Steuervorteile, Zinssubventionen, billige Staatskredite und andere staatliche Vergünstigungen verfügen[42]. Zum größten Teil werden ihre Sollzinssätze vom Wirtschafts- und Finanzminister vorgeschrieben, teilweise jedoch auch von den Instituten dezentral bestimmt, so bei den Volksbanken und bei den Zinsen der nichtvergüteten Darlehen (prêts non bonifiés) des Crédit Agricole; diese fixiert der Verwaltungsrat in Abhängigkeit vom *taux de base* der eingeschriebenen Banken[43].

2. Quantitative Kreditkontrollen

Seit 1948 wurden von der Zentralbank für jedes Bankinstitut Rediskontkontingente festgesetzt und nach kreditpolitischen Erwägungen individuell oder kollektiv modifiziert. Nach Ausschöpfung der Rediskontkontingente galten erhöhte Diskontsätze seit 1951 für die Inanspruchnahme zusätzlicher Kredithilfen. Der einfache Strafzins *(taux d'enfer)* galt für Refinanzierungen, die das Rediskontkontingent bis zu 10 % überstiegen, der Sonder-Strafzins *(taux de superenfer)* für darüber hinausgehende Refinanzierungshilfen. Im Dezember 1967 wurde diese Unterscheidung aufgehoben[44]. Das System der Rediskontkontingente hatte wettbewerbsverzerrenden Charakter, da es die großen Banken weniger berührte als kleinere Unternehmen, denn erstere mußten nur selten auf

---

[39] *Fournier* (III), S. 828.

[40] *Chouraqui / Meyer-zu-Schlochtern*, S. 255.

[41] Typisch für diese Art von Konzertation Conseil National du Crédit, Rapport 1968, S. 133 und 136, Rapport 1969, S. 116, wonach die Banken *aufgefordert* wurden, Sollzinserhöhungen zu begrenzen bzw. auf *Verlangen* dies taten.

[42] Siehe oben unter I. 4.

[43] Auskunft des Crédit Agricole.

[44] EG-Währungsausschuß, S. 163.

den Rediskontkredit zurückgreifen. Dieses System wurde Anfang 1972 aufgegeben, da seit 1971 die Banken sich zunehmend auf dem Geldmarkt und nicht mehr bei der Zentralbank refinanzierten[45].

Bis zur Einführung des Mindestreservesystems 1967 wurde die Bankenliquidität auch durch die Verpflichtung beeinflußt, einen Mindestbestand an Schatzwechseln zu halten *(plancher d'effets publics)* bzw. seit 1960 einen Kassenkoeffizienten zu beachten *(coefficient de trésorerie)*. Danach mußten die Banken unter ihren Aktiva einen Betrag an liquiden Mitteln, Staatspapieren und rediskontfähigen Wechseln des mittelfristigen Kredits vorweisen, der in einem bestimmten Verhältnis zu ihren Verbindlichkeiten stand. Auch diese Regelungen hatten den Nachteil, daß sie ohne Unterschied die Gesamtheit der Banken betrafen und zu Wettbewerbsverzerrungen führten. So bekamen diejenigen Banken, die sich auf kurzfristige Kredite spezialisiert hatten, den Kassenkoeffizienten wesentlich stärker zu spüren als Banken, die hauptsächlich im Geschäftsbereich des mittelfristigen Kredits tätig waren[46].

Durch Verordnung vom 9. 1. 1967 wurde schließlich das in allen westlichen Staaten übliche *Mindestreservesystem* eingeführt, das schrittweise den Kassenkoeffizienten ablöste, und das auf alle Banken einschließlich der wichtigsten öffentlichen und halböffentlichen Institute (im wesentlichen Crédit Agricole, Volksbanken, Crédit Mutuel, Crédit Cooperatif) ausgedehnt wurde. Nach einer Verordnung vom 23. 2. 1971 errechnen sich die Pflichtreserven nicht nur aus den Verbindlichkeiten der Banken und Finanzierungsinstitute, sondern auch aus den von ihnen gewährten Krediten[47].

Erwähnenswert sind noch mehrere *Richtsätze* zur Sicherung der Zahlungsfähigkeit und der Zahlungsbereitschaft der Kreditinstitute[48]. Die Banken müssen Eigenkapitalkoeffizienten einhalten, wonach die Summe der nicht-rediskontierbaren mittel- und langfristigen Kredite das Dreifache der Summe der kurzfristigen Verbindlichkeiten plus Eigenkapital nicht übersteigen darf. Die Gesamtheit aller mittel- und langfristigen Kredite soll im Umfang den mittel- und langfristigen Verbindlichkeiten plus Eigenkapital entsprechen[49].

---

[45] OECD Monetary Studies Series, S. 30; Fournier (III), S. 829.

[46] *Fournier* (IV), S. 187 f., *Bardout*, Bd. II, S. 50 f.

[47] *Bardout*, Bd. II, S. 53, EG-Währungsausschuß, S. 170; siehe Conseil National du Crédit, Rapport 1976, S. 41 f., wonach der Reservesatz der Zentralbank für Kredite 0,50 % betrug.

[48] Diese Ratios werden von der Commission de Contrôle des Banques aufgrund des Gesetzes vom 2. 12. 1945 und der Durchführungsdekrete vom 28. 5. 1946 (No 46-1246 und 46-1247) festgelegt.

[49] Siehe *Römer:* Harmonisierung der Bankenaufsicht in der Europäischen Gemeinschaft, S. 75. Zu den neueren Veränderungen bei diesen Koeffizienten aufgrund einer Entscheidung der CCB vom 16. 12. 1977, *Butsch / Vulliez:* La réforme du règlement des banques, in: Banque, Febr. 1978, S. 208—213 (213).

Zwei weitere Richtsätze zwischen Eigenmitteln und dem Geschäftsvolumen einschließlich Eventualverbindlichkeiten und zwischen Eigenmitteln und der Höhe des Kreditvolumens einzelner Kreditnehmer wurden bisher noch nicht konkretisiert[50].

Weiterhin müssen die Depositenbanken und seit 1966 auch die Beteiligungsbanken eine *Liquiditätsrate* einhalten, die ein Mindestverhältnis von 60 % zwischen liquiden Mitteln und leicht mobilisierbaren Aktiva zu den Sicht- oder sonstigen kurzfristigen Verbindlichkeiten fordert.

Auch diese Richtsätze haben einen wettbewerbsbeschränkenden Charakter, da sie wie eine Art von Selbstbeschränkungsabkommen wirken. Sie begrenzen das Angebot von Bankleistungen mengenmäßig nicht absolut, aber in Relation sozusagen zur Produktionskapazität[51]. Außerdem wirken diese Richtsätze wettbewerbsverzerrend, da sie von neuauftretenden Banken oder kleinen Unternehmen schwerer einzuhalten sind als von Großbanken mit bereits fest bestehenden Marktanteilen[52].

Einschneidendes Mittel quantitativer Kreditkontrollen bildet die *Kreditplafondierung.*

Durch diese Maßnahme wird den Banken verboten, ihr Kreditvolumen über einen bestimmten Höchstbetrag auszudehnen, der durch Bezug auf eine bestimmte Referenzperiode bestimmt wird (encadrement des credits)[53].

Direkte Begrenzungen der Kreditexpansion wurden den Banken 1958/59, 1963/65 und 1968/70 — jeweils in unterschiedlicher Strenge — auferlegt. Einige Kredite, so die Exportkredite und die den großen verstaatlichten Nichtbankunternehmen gewährten mittelfristigen Kredite fielen nicht unter die Begrenzungen[54].

Eine neuere Variante der Kreditplafondierung ist die Anweisung des Nationalen Kreditrates vom 23. 2. 1971 an Banken und Finanzierungsinstitute, Zusatz- oder Strafreserven zu bilden, wenn die Kreditzunahme höher als eine vorgeschriebene Norm ist. Von diesem System der Zusatzreserven wurde ab März 1973 Gebrauch gemacht[55], wobei die Kreditausweitungsnormen monatlich variiert werden und für bestimmte Kreditarten unterschiedlich ausfallen[56]. Einige Kredite, z. B. für Export, Wohnungsbau u. a. fallen wiederum ganz aus diesem System[57].

[50] Vgl. *Gavalda / Stoufflet* (II), S. 280 ff.; *Fournier* (IV), S. 175.

[51] *Möschel* (I): Das Wirtschaftsrecht der Banken, S. 537.

[52] So für Auslandsbanken *Koszul,* S. 110. Das Argument ist generell zutreffend.

[53] OECD Monetary Studies Series, S. 34; EG-Währungsausschuß, S. 181 f.

[54] *Bardout,* Bd. II. S. 50.

[55] *Bardout,* Bd. II, S. 53.

[56] Vgl. Conseil National du Crédit, Rapport 1976, S. 35. So unterlagen 1976 die Ratenzahlungskredite günstigeren Progressionsnormen.

Zwar ist das Instrument der Zusatzreserven etwas flexibler als die bis dahin übliche direkte Kreditbegrenzung, da die Kreditausweitungsnormen nur noch indikativen Charakter haben. Andererseits werden die Banken durch Direktiven des Nationalen Kreditrates zur Beachtung dieser Normen angehalten, und die zu bildenden Zusatzreserven beim Überschreiten der Progressionsnormen steigen derartig hoch an, daß im Ergebnis kein Unterschied zur direkten Kreditbegrenzung besteht[58].

Die Kreditplafondierungen sind ein sehr rigider Eingriff der Währungsbehörden in die Geschäftspolitik der Banken, der den normalen Wettbewerb zwischen den Banken stark behindert und oft gerade die Banken am meisten bestraft, die am dynamischsten arbeiten und neue Kreditkunden finden könnten[59]. Da in der Regel die Kreditnachfrage auf Grund der Plafondierungen bei weitem nicht befriedigt werden kann — abgesehen von wenigen stark rezessiven Phasen wie Ende 1975 —, sind die Banken auf der Kreditvergabeseite so gut wie keinem Wettbewerb ausgesetzt[60]. Dies hat häufig zur Folge, daß neue expandierende Nichtbankunternehmen zugunsten eingespielter Kundenbeziehungen vernachlässigt werden.

Es gilt ähnliches wie bei den erwähnten Bilanzrelationen: bestehende Marktpositionen der Banken werden durch die Kreditplafondierungen zementiert, da bereits vorhandene Kreditvolumen „eingefroren" werden. Umgekehrt wirken sich diese Begrenzungen nachteilig auf kleine oder mit einem zunächst geringen Kreditvolumen neubeginnende Bankinstitute aus, weil diesen die Möglichkeit verwehrt wird, Marktanteile zu erwerben[61].

3. Qualitative Kreditkontrollen

Die in Frankreich angewandten selektiven Maßnahmen haben zum Ziel, bei der Entwicklung bestimmter Wirtschaftsbereiche Prioritäten zu setzen und sie in Übereinstimmung mit den allgemeinen Leitlinien des Wirtschaftsplanes zu fördern[62]. Bestimmte Kreditkategorien werden hierbei Sonderregelungen unterworfen, um ihre Entwicklung und damit die Finanzierung einzelner Wirtschaftszweige stärker kontrollieren zu können. Auch heute zählen die selektiven Kreditkontrollen zu den

---

57 Conseil National du Crédit, Rapport 1976, S. 36.

58 *Chouraqui*, S. 157; *Chouraqui / Meyer-zu-Schlochtern*, S. 255.

59 *de Narbonne / Vernimmen*, S. 1053; EG-Währungsausschuß, S. 181.

60 Vgl. Les banques: qualité, coût et finalité de leurs services (Diskussion), in: Banque, Jan. 1976 (Spezialnummer), S. 55 f., 67.

61 *Koszul*, S. 110; ebenso *Chouraqui*, S. 157 FN 6.

62 EG-Währungsausschuß, S. 161.

besonderen Merkmalen der französischen Kreditpolitik[63] und verdeutlichen besonders anschaulich den instrumentellen Einsatz der Bankwirtschaft für wirtschaftspolitische Ziele.

Die Durchsetzung qualitativer Maßnahmen wurde erleichtert durch die Schaffung einer Evidenzzentrale bei der Zentralbank *(service central de risques)*, die dieser erlaubt, die Aufteilung der Kredite auf die einzelnen Geschäftsbranchen zu verfolgen. Meldepflichtig sind z. Zt. alle Kredite an einen Kreditnehmer, die zusammen den Betrag von 200 000,— Frs. übersteigen. Die Meldungen umfassen etwa 3/4 des Gesamtbetrages aller Bankkredite; die Zentralbank kann damit die Gesamtverschuldung eines jeden Einzelkreditnehmers feststellen[64] und die Banken gegebenenfalls auffordern, ihre Kreditvergabe einzuschränken[65].

Eine allgemeine Interventionsform der Zentralbank besteht darin, durch Anweisungen und Empfehlungen dahin zu wirken, daß die Banken bei der Bewilligung von Krediten die Konformität der erbetenen Darlehen mit den wirtschaftspolitischen Zielen der Regierung beachten. Die Wirksamkeit dieser Anweisungen wurde durch die den Banken 1947 auferlegte Verpflichtung verstärkt, von ihren Kunden genaue Erläuterungen zum Kreditantrag zu verlangen, welche die Zentralbank anfordern kann[66].

Eine selektive Kreditpolitik betreibt die Zentralbank weiterhin durch das 1956 eingeführte System der vorherigen Rediskontzusagen. Durch Festsetzung der Annahme- oder Verweigerungsbedingungen für die spätere Rediskontierung mittelfristiger Kredite sind die Refinanzierungswünsche der Banken einer starken wirtschaftspolitischen Zweckmäßigkeitsprüfung ausgesetzt[67].

Der Teilzahlungskredit unterliegt einer Spezialkontrolle des Nationalen Kreditrates (Dekret vom 20. 5. 1955), wodurch Einfluß auf die konjunkturelle Entwicklung genommen werden kann. Es werden Höchstgrenzen für diese Kredite im Hinblick auf das Gesamtvolumen eines Bankinstitutes bestimmt und maximale Kreditlaufzeiten sowie der Selbstfinanzierungsanteil des Kreditnehmers festgelegt, wobei nach Warengruppen differenziert wird. Dies erlaubt, auf bestimmte Wirtschaftssektoren dämpfend oder anregend zu wirken[68].

---

[63] *Fromont*, S. 57 f.

[64] EG-Währungsausschuß, S. 182 f.

[65] Dies war z. B. der Fall beim Handel von Weideland, bei der Lederindustrie, Wollindustrie, Baumwollimporten, Weinlagerung u. a., *Fournier* (IV), S. 182.

[66] *Fournier* (IV), S. 183.

[67] *Fromont*, S. 58.

[68] So wurden im April 1970 die Kreditbedingungen zum Abzahlungskauf von Möbeln gelockert, und im Juni 1970 wurden diese Erleichterungen auf

Darüber hinaus ergibt sich eine selektive Kreditpolitik aus bestimmten privilegierten Diskontsätzen oder privilegierten Krediten für bestimmte Geschäfte, die zumeist über die öffentlichen und halböffentlichen Kreditinstitute laufen (z. B. Fonds de Développement Economique et Social, Crédit National, Caisse centrale de Crédit hôtelier, industriel et commercial, Caisse Nationale de Crédit Agricole etc.).

Die Exportunternehmen können dank der französischen Außenhandelsbank (BFCE) und der von der Zentralbank für Exporte besonders festgesetzten Diskontsätze zinsgünstigere Kredite erhalten[69].

Bestimmte Kreditarten sind zudem von den Kreditbegrenzungsnormen[70] und von den Mindestreserveverpflichtungen ausgenommen[71].

Die qualitativen Kreditkontrollen reglementieren in besonders starkem Maße die Angebotspolitik der Banken; Restriktionen oder Vergünstigungen im Rahmen dieser Politik treffen zudem kleinere und auf bestimmte Kreditarten spezialisierte Unternehmen (z. B. Ratenzahlungsinstitute) stärker als Großunternehmen mit einem vielfältigeren Kreditangebot. Darüber hinaus hat die selektive Kreditpolitik auch auf den Nichtbankensektor eine wettbewerbsverzerrende Wirkung, da sie die Kreditkosten je nach Wirtschaftsbranche oder Unternehmen unterschiedlich festlegt[72].

IV. Private Wettbewerbsbeschränkungen

Die in den vorgehenden Kapiteln beschriebenen staatlichen Einflußnahmen auf die Geschäftspolitik der eingeschriebenen Banken und Finanzierungsinstitute lassen diesen nur wenig Raum für private Wettbewerbsbeschränkungen. Diese sind im wesentlichen im Bereich der Sollzinsen, bei einem kleinen Teil der Habenzinsen und bei den Gebühren möglich.

Haushaltsgeräte und Wohnanhänger ausgedehnt, siehe *Fromont,* S. 58; EG-Währungsausschuß, S. 183 f.

[69] *Fromont,* S. 58.

[70] Beispiele in Conseil National du Crédit, Rapport 1976, S. 36.

[71] Siehe *Bertrand / Guy / de Rosen:* Le système bancaire et le financement déséquilibré de la croissance (1960—1975), in: Banque, Febr. 1977, S. 141—149 (149). Es handelt sich insbesondere um die Bereiche Landwirtschaft und sozialen Wohnungsbau.

[72] *Bertrand / Guy / de Rosen,* S. 148 FN 10. Die selektive Kreditpolitik schadet zudem der Wirksamkeit globaler Währungspolitik, indem z. B. Vorzugszinssätze allgemeine kreditrestriktive Maßnahmen unterlaufen usw., siehe *Bertrand / Guy / de Rosen,* S. 149; *David* (I): Quelques réflexions sur la politique sélective du crédit, in: Banque, Juni 1974, S. 559—565.

1. Absprachen im Bereich der Soll- und Habenzinsen

Theoretisch wurden die Bankkonditionen bis 1941 laut Gesetz vom 18. 4. 1918 frei ausgehandelt. Jedoch waren ab 1925 sogenannte Platzkartelle üblich, die von der *Union Syndicale des Banques* auf Betreiben der Großbanken initiiert wurden. Mittlere und kleine Unternehmen waren verpflichtet, die Empfehlungen zu befolgen, so daß jeder Preiswettbewerb verschwand. Die Kartelle der Lokalkomitees wurden 1941 vom *Comité Permanent d'Organisation des Banques* hoheitlich abgesichert, und der Nationale Kreditrat führte 1945 diese Konditionenregelung im nationalen Rahmen fort[1]. Bis 1966 galt dann das staatliche Konditionenkartell des Nationalen Kreditrates[2].

Nachdem 1966 die Sollzinsregelung und 1967 teilweise auch die Habenzinsregelung des Nationalen Kreditrates aufgehoben wurde, konnten die Banken nicht wieder offen wie vor dem Krieg Kartelle abschließen, da dem inzwischen nach allgemeiner Ansicht die Kartellgesetzgebung entgegenstand[3]. Um andererseits eine „exzessive" Konkurrenz im Bereich der Sollzinsen zu verhindern, führte nach offizieller Sprachregelung die Selbstdisziplin der Banken zu einer Regelung, die dem amerikanischen *prime-rate* System ähnlich sein soll: die größten Banken untersuchen in regelmäßigen Abständen die Situation des Geldmarktes und die Kostenstruktur ihrer Ressourcen und bestimmen dementsprechend einen *taux de base* (Basiszins), der für ihre Kreditgeschäfte mit erstklassigen Kunden gilt. Eine der Großbanken kündigt die Veränderung dieses Basiszinses an, und die anderen Banken schließen sich den angegebenen Veränderungen sofort an[4].

In der Zeitschrift *Banque*, deren Herausgeber der französische Bankenverband ist, heißt es dann beispielsweise: „der Crédit Industriel et Commercial hat die Senkung des Basiszinses um 0,30 % von 9,60 % auf 9,30 % zum 1. 7. 1977 angekündigt. Die meisten Banken sind dieser Veränderung gefolgt[5]."

In Wirklichkeit erhalten alle französischen Banken regelmäßig Rundschreiben des Bankenverbandes, in denen nicht nur der *taux de base* fixiert ist, sondern die Zinsen aller Kreditarten, der staatlich nichtregle-

---

[1] *Bardout*, Bd. II, S. 21; *Forunier* (I), S. 538; ders. (IV), S. 170 ff.; Les modalités de fixation des conditions de banque en France et à l'étranger (o. V.), in: Banque, Juni 1972, S. 563 ff.

[2] Siehe oben unter III. 1.

[3] Vgl. *Fournier* (IV), S. 172; *Gavalda / Stoufflet* (II), S. 297; *d'Illiers / Morgenroth*, S. 285.

[4] *Fournier* (III), S. 828.

[5] Banque, Okt. 1977, S. 1141 in der regelmäßig wiederkehrenden Rubrik *Chronique de technique bancaire.*

mentierten Einlagen und die Gebühren für gewerbliche Konten (Konto-Umsatzprovisionen und Überziehungsprovisionen).

Bei der Tarifliste für Kreditzinsen werden hierbei die Unternehmen je nach Umsatz in drei Kategorien unterschieden, für die verschiedene Zinssätze gelten (unter 100 Mio. Frs. Umsatz, 100—200 Mio. Frs., über 200 Mio. Frs.)[6]. Die Tarife dieser Rundschreiben werden in einer Kommission (Commission technique) des Bankenverbandes ausgearbeitet.

Die Banken halten sich in der Regel streng an diese Tariflisten[7]. Ausnahmen kommen vor, wenn ein Kreditinstitut Liquiditätsschwierigkeiten hat oder wenn es seine Bilanz verschönern muß *(bilandressing)*. Es gewährt dann unter Umständen günstigere Konditionen, als sie in den Listen vorgesehen sind. Weiter können bei Unternehmenskrediten Verschiebungen in den Umsatzkategorien vorgenommen werden, indem z. B. den Tochtergesellschaften erstklassiger Firmen die Umsätze der Muttergesellschaft zugerechnet werden.

Für die Finanzierungsinstitute gelten vergleichbare Rundschreiben ihres Berufsverbandes, die sich auf die Verzinsung der Sichtguthaben institutioneller Anleger und auf die Zinsen für Ratenzahlungskredite beziehen. Im übrigen haben die Finanzierungsinstitute eine sehr unterschiedliche Struktur — sie sind teilweise Tochtergesellschaften von Großunternehmen zur Eigenfinanzierung —, so daß eine einheitliche Konditionenregelung wie bei den eingeschriebenen Banken hier weniger möglich ist.

Durch die privaten Tariflisten wird praktisch jeder Preiswettbewerb in der französischen Bankwirtschaft beseitigt, soweit dafür neben den staatlich fixierten Konditionen Raum ist. Allerdings werden die privaten Konditionenlisten im Einvernehmen mit den Währungsbehörden erarbeitet[8]. So regt der Wirtschafts- und Finanzminister oft eine Zinssenkung an bzw. es werden ohne dessen Einverständnis keine Erhöhungen vorgenommen[9]. Der Dialog mit ihm wird hierbei von den nationalisierten Banken geführt. Oft können die anderen Kreditinstitute dann bei den Beratungen in der Commission technique nur noch Kommastellen und Zeitpunkt des Inkrafttretens der Zinsänderung diskutieren. Diese Art der Kooperation übergeht den Nationalen Kreditrat und macht eine Zinsfestsetzung durch ersteren in der gesetzlichen Form überflüssig[10].

[6] Bis 1973 galten 4 Kategorien

[7] Persönliche Auskünfte; vgl. auch Conseil National du Crédit, Rapport 1976, S. 47, wonach die *taux de base*-Veränderungen sich exakt auf die mittleren Effektivzinsen niederschlugen.

[8] Siehe *Bertrand / Guy / de Rosen*, S. 148 FN 9; Le Monde vom 25./26. 7. 1976, S. 34; vom 19./20. 1. 1977, S. 37.

[9] Siehe oben unter III. 1. b) mit FN 39—41.

[10] Persönliche Auskunft bei der Zentralbank.

Ähnlich wie in der Bundesrepublik Deutschland entziehen sich somit häufig die Beziehungen zwischen Staat und Banken den gesetzlich vorgesehenen Verfahren und machen Konzertierungen im rechtsfreien Raum Platz[11].

2. Kontoführungsgebühren

Auf Vorschlag der eingeschriebenen Banken hin wird seit 1974 die Bezahlung der Kontoführung diskutiert. Hierbei wird eine einheitliche Regelung angestrebt, damit nicht die Initiative eines Banksektors (z. B. der eingeschriebenen Banken) innerhalb der französischen Bankwirtschaft wettbewerbsmäßige Nachteile mit sich bringt.

Im Verlauf der Verhandlungen zeigten bisher die Volksbanken und die Caisse de Crédit Mutuel die gleiche Haltung wie die eingeschriebenen Banken; auch die Postscheckämter waren zum Mitmachen bereit. Ein Problem bildet der Crédit Agricole, der mit einer Gebühreneinführung zögert und bereits Anfang 1975 einen ähnlichen Versuch zur einheitlichen Einführung von Kontoführungsgebühren hatte scheitern lassen. Mitte 1978 war noch keine Einigung erzielt[12].

Der Crédit Mutuel d'Alsace et de Lorraine hatte bereits 1973 mit Einwilligung seiner Gesellschafter Kontoführungsgebühren eingeführt; ebenso praktizieren die Postscheckämter seit 1958 eine allerdings sehr geringe Kontoführungsgebühr von 5 Frs. pro Jahr.

Ziel der Abstimmungen zwischen den verschiedenen Banksektoren ist nach Angaben des Bankenverbandes nicht notwendig das gleiche Tarifsystem, aber zumindest eine Regelung, die sich im Ergebnis bei allen Banksektoren kostenmäßig gleich auswirkt. So würde der Crédit Agricole ähnlich wie die Postscheckämter eine feste periodische Taxe unabhängig vom Kontostand und einer bestimmten Buchungszahl bevorzugen[13], während die anderen Banksektoren ein System anstreben, in dem eine bestimmte Buchungszahl umsonst ist, jede darüber hinausgehende Buchung aber einen festen Preis kostet[14] [15].

[11] Diese Entwicklung bestätigt *Marcille*, S. 760. Danach haben sich seit den Bankreformen subtile Beziehungen zwischen Staat und Banken entwickelt, die einer Kodifikation widerstehen und eher den Charakter von Konzertierungen als Reglementierungen haben.

[12] Siehe *Levy-Lambert* (II): Perspectives d'évolution de la rentabilité des banques. — in: Banque, Juli/Aug. 1978, S. 849—855 (854).

[13] 20—30 Frs. pro Jahr sind angestrebt.

[14] So bereits üblich beim Crédit Mutuel d'Alsace et de Lorraine.

[15] Zum Ganzen: Les banques: qualité, coût et finalité de leurs services (Diskussion), in: Banque, Jan. 1976 (Spezialnummer), S. 53—78 (59 f.); und ausführlich Le Monde 18. 5. 1976, S. 37 ff.

Daß der Staat an diesen wettbewerbshindernden Absprachen nicht unbeteiligt ist, geht bereits aus der Tatsache hervor, daß an den Verhandlungen die nationalisierten Banken und die öffentlichen und halböffentlichen Kreditinstitute mit teilhaben. Jedoch ist dem Wirtschafts- und Finanzminister zur Zeit die Einführung dieser Gebühren mit seinem Kampf gegen die Inflation nicht vereinbar[16].

Ein möglicher Preiswettbewerb auf dem Gebiet der Bankdienstleistungen zwischen den verschiedenen Banksektoren soll durch diese Konzertierungsaktion konsequent verhindert werden.

3. Allgemeine Geschäftsbedingungen

Vereinheitlichte, für alle Banken gültige allgemeine Geschäftsbedingungen, die den Wettbewerb einschränken könnten, gibt es in Frankreich nicht[17]. Der Begriff *conditions générales* ist zwar üblich, bedeutet aber im Sprachgebrauch der französischen Banken „Zinsbedingungen, Geschäftskosten" und nicht die das Rechtsverhältnis zwischen Bank und Kunden regelnden allgemeinen Geschäftsbedingungen[18]. Dafür spielt der Handelsbrauch *(usages)* im Bankgeschäft eine wichtige Rolle, bei dem ähnliche Probleme auftauchen wie sie in Deutschland unter dem Stichwort „Inhaltskontrolle von AGB" geläufig sind. Im Streitfall lassen sich die Banken Existenz und Umfang des Bankgebrauchs durch Gutachten des Bankenverbandes bestätigen[19].

4. Pools und Konsortien

Bei dieser Form der Zusammenarbeit von Banken werden zu einem bestimmten Geschäft mehrere Banken verbunden, die alle zu identischen Bedingungen abschließen und die jede unter der Leitung eines „chef de file" einen bestimmten Anteil des Geschäftes ausführen. Ein Pool kann sich in eine dauerhafte Zusammenarbeit zwischen Banken in Form eines Konsortiums verwandeln[20].

---

[16] Auskunft des französischen Bankenverbandes. Siehe auch Conseil National du Crédit, Rapport 1976, S. 206. Danach forderte der Wirtschafts- und Finanzminister im Oktober 1976 die Banken auf, die Preise für Bankdienstleistungen generell bis Ende 1976 zu blockieren. Entsprechende Direktiven ergingen an die öffentlichen und halböffentlichen Institute. 1977 konnten Provisionen nicht um mehr als 6,5 % und 1978 nicht um mehr als 6 % erhöht werden; *Levy-Lambert* (II), S. 851.

[17] *Gavalda / Stoufflet* (II), S. 21.

[18] *Conrad:* Die allgemeinen Geschäftsbedingungen der belgischen und französischen Banken, S. 6.

[19] *Gavalda / Stoufflet* (II), S. 19 ff., 229; *Conrad*, S. 8.

[20] Vgl. *Gavalda / Stoufflet* (II), S. 574 f.

Für den Kunden hat der Pool oder das Konsortium eine Verringerung des Wettbewerbs auf der Angebotsseite zur Folge, da ihm gegenüber der Pool als einheitlicher Gesprächspartner auftritt, der bereits die Vorauswahl möglicher anderer Geschäftspartner getroffen hat.

Kritisch ist in Frankreich zu dem System von Bankenpools oder Konsortialkrediten bisher angemerkt worden, daß dadurch möglicherweise die Verantwortlichkeit des einzelnen Bankiers oder Bankunternehmens zu sehr „verdünnt" werde[21].

5. Internationale Kooperationsverträge

Seit der 1970 erfolgten Annäherung zwischen Crédit Lyonnais, Banco di Roma und Commerzbank wurden zahlreiche weitere internationale Kooperationsverträge geschlossen. Anstoß bildete vermutlich die Aussicht, daß noch in diesem Jahrzehnt eine europäische Wirtschafts- und Währungsunion erreicht werde, da drei der wichtigsten Bankklubs im Herbst 1970 nur wenige Monate nach der Veröffentlichung eines vorläufigen Stufenplanes zur Verwirklichung einer solchen Union gegründet wurden[22]. Die wichtigsten internationalen Kooperationsgruppen sind[23]:

Crédit Lyonnais, Commerzbank, Banco di Roma, Banco hispano Americano (Europartners),

Société Générale, Société Générale de Banque, Deutsche Bank, Midland Bank, Amsterdamsche-Rotterdamsche Bank, Banca Commerciale Italiana, Creditanstalt Bankverein (European Bank's International Company),

Banque Nationale de Paris, Dresdner Bank, Bayerische Hypotheken- und Wechsel-Bank, Algemene Bank Nederland, Banca Nazionale del Lavoro, Banque des Bruxelles Lambert; assoziiert: Österreichische Länderbank, Banque Internationale à Luxembourg (Associated Banks of Europe),

Crédit Commercial de France, Berliner Handels- und Frankfurter Bank, Banco Ambrosiano, Kredietbank, Nederlandsche Middenstandsbank, Privatbanken A/S, Williams and Glyn's Bank (Inter-Alpha-Banks Group).

Diese Kooperationsabkommen haben in der Regel wettbewerbsbeschränkende Wirkungen sowohl im nationalen als auch im europäischen Rahmen, da sie prinzipiell einen Wettbewerb zwischen den betroffenen

---

[21] Siehe *Hertz:* Quelques aspects de l'application aux banques du droit européen de la concurrence, S. 138 ff.; Le Monde vom 29. 4. 1972, S. 27 unter dem Titel: M. Giscard d'Estaing annonce des mesures destinées à faire du marché financier de Paris l'un des premiers d'Europe.

[22] *Römer,* S. 30.

[23] Aus: *Römer,* S. 30 f. Eine genaue Aufstellung von mit französischen Banken assoziierten Kreditunternehmen und von französischen Banknieder-

Parteien ausschließen wollen. Zwar sind in den Kooperationsverträgen[24], die bei der EG-Kommission angemeldet sind, verständlicherweise keine wettbewerbsbeschränkenden Absprachen ausdrücklich festgehalten und werden von den kooperierenden Banken auch bestritten, jedoch liegt die Gefahr von Gebietsabsprachen nahe[25]. Konkret wird dies an einer Koordinierung der Zweigstellenpolitik ersichtlich. So wurden beispielsweise im saarländischen Raum Filialen des Crédit Lyonnais und der Commerzbank umgruppiert, um zu einer geographischen Komplementarität zu gelangen[26]. Zudem stellt sich die Frage, ob nicht durch internationale Bankenkooperationen die Gleichheit der Marktbedingungen, die durch die Harmonisierung des Bankenrechts auf europäischer Ebene angestrebt ist, untergraben wird, indem die ohnehin geringeren Chancen von kleineren Instituten bei der grenzüberschreitenden Tätigkeit noch weiter eingeschränkt werden[27].

Weiter werden durch internationale Kooperationsverträge oft gemeinsame Tochterunternehmen gegründet. Die folgenden Beispiele beziehen sich nur auf deutsche und französische Banken mit gemeinsamen Tochterunternehmen in Europa[28]:

Burgardt und Bröckelschen (Westdeutsche Landesbank und Banque de l'Union Européenne),

Société Financière Européenne (Dresdner Bank und Banque Nationale de Paris),

Banque Européenne de Crédit (Deutsche Bank und Société Générale),

International Commercial Bank (Commerzbank und Crédit Lyonnais),

Compagnie Internationale pour le Financement de l'Energie Nucléare (Dresdner Bank, Banque Nationale de Paris und Banque de l'Union Européenne) u. a.

Auch die Schaffung gemeinsamer Tochterunternehmen wirkt wettbewerbsmindernd, da an die gemeinsame Tochter in der Regel Kompeten-

lassungen in der ganzen Welt (Stand 1. 7. 1977) befindet sich in Banque, Juli/Aug. 1977, S. 807—836.

[24] Ein für Kooperationsgruppen typischer Text lautet: „Die Banken wollen eine enge internationale Zusammenarbeit auf der Grundlage gegenseitiger Präferenz und Meistbegünstigung verwirklichen. Die Partner beabsichtigen eine gründliche und systematische Abstimmung in den wichtigsten Sektoren des Bankgeschäfts ... Die Partner verpflichten sich, ihr Geschäftsstellennetz und ihre zentralen Abteilungen soweit wie möglich für die Firmen- und Privatkundschaft der Partner einzusetzen", siehe *Klaue:* Kooperationsverträge zwischen deutschen und ausländischen Banken, in: *Röper:* Wettbewerbsprobleme im Kreditgewerbe, S. 152—159 (151, 155).

[25] Dagegen *Kohler:* Internationale Bankenkooperation in rechtlicher Sicht ..., in: Bank-Betrieb 1976, S. 403—407 (406 f.).

[26] *Hertz,* S. 142.

[27] So *Römer,* S. 35.

[28] Aus: *Hertz,* S. 145 f.

zen übertragen werden, die bisher von den Muttergesellschaften — zumindest potentiell — wettbewerblich ausgeübt wurden[29].

V. Zusammenfassung

Bankgesetze, Maßnahmen der Bankaufsicht und währungspolitische Regelungen bestimmen in Frankreich maßgeblich Berufszugang und Berufsausübung in der Bankwirtschaft.

Neben persönlichen Voraussetzungen zur Ausübung des Bankberufes und bestimmten juristischen Formerfordernissen bilden insbesondere die obligatorische Bedürfnisprüfung durch den Nationalen Kreditrat und die Mindestkapitalbeträge Marktzutrittsschranken, die nicht immer leicht zu überwinden sind. Hinzu kommt die seit den Bankreformen verstärkt geförderte Konzentrationstendenz im Bankgewerbe, die für Neulinge die Markteintrittskosten noch beträchtlich erhöht hat. Die Begrenzung der Geschäftstätigkeit durch die Bankenstatute, hoheitliche Zinsfestsetzungen im Bereich der Einlagen, Kreditbegrenzungsnormen und Eigenkapital- und Liquiditätsrichtsätze bilden weitere Hindernisse für einen freien und unverfälschten Bankenwettbewerb.

Daneben genießen die öffentlichen und halböffentlichen Kreditinstitute steuerliche Vergünstigungen und andere Vorteile und unterliegen Spezialgesetzen, die deren Tätigkeit genau und umfassend vorschreiben.

Wenn auch die Marktabschließungen zwischen den einzelnen Banktypen des eingeschriebenen Sektors seit den Reformen von 1966/67 weniger rigide geworden sind und durch die Liberalisierung der Zweigstellengründung und die Aufhebung der staatlichen Sollzinsregelungen die marktwirtschaftlichen Elemente in der Bankwirtschaft gefördert wurden, blieb doch der dirigistische und wettbewerbshemmende Grundcharakter der französischen Bankgesetze bestehen. Die Ziele der Bankaufsicht unterliegen hierbei weitgehend den Interessen der Regierung und ihrer jeweiligen Wirtschafts- und Währungspolitik[1]. Dies wird insbesondere bei der erzwungenen Einbeziehung der Banken in die selektive Kreditpolitik des Nationalen Kreditrates deutlich.

Der von der Bankaufsicht den eingeschriebenen Banken und Finanzierungsinstituten belassene geschäftspolitische Freiraum ist von diesen durch private Kartellierungen weiter eingeschränkt. So verhindern im Rahmen des französischen Bankenverbandes ausgearbeitete Konditio-

---

[29] *Hertz*, S. 145 f. Zu weiteren internationalen Kooperationsverträgen siehe *Fournier* (III), S. 835; *Gaullier:* Le système bancaire francais, S. 48 f.; *Bardout*, Bd. II, S. 35 f.

[1] Gesichtspunkte des Einlegerschutzes haben demgegenüber — im Unterschied zu den anderen Ländern der Europäischen Gemeinschaft — nur zweitrangige Bedeutung, siehe *Römer*, S. 58 f.

nenlisten einen möglichen Preiswettbewerb im Bereich der Sollzinsen und der nichtreglementierten Habenzinsen. Bei der geplanten Einführung von Kontoführungsgebühren sollen diese Maßnahmen durch ein abgestimmtes Verhalten der eingeschriebenen Banken mit den Kreditinstituten des öffentlichen und halböffentlichen Sektors komplettiert werden.

Darüber hinaus gewinnen internationale Kooperationsverträge mit wettbewerbsbeschränkendem Charakter zunehmend an Bedeutung.

Wettbewerb ist auf Nebenschauplätze abgedrängt, nachdem inzwischen die Welle der Filialneugründungen abgeflacht ist. Er beschränkt sich hauptsächlich auf Zusatzservice, Filialausstattung und Werbung, durch die dieselben Bankdienstleistungen einen individuellen Charakter erhalten sollen.

Allerdings erfolgen die privaten Preisabsprachen der Banken im Einvernehmen mit dem Staat, der offenbar solche Konzertierungen — ähnlich wie in der Bundesrepublik Deutschland — den gesetzlich vorgesehenen Verfahren zur Einflußnahme auf die Bankwirtschaft vorzieht.

Zweiter Teil

Darstellung und Anwendung des französischen Wettbewerbsrechts

I. Grundlagen des französischen Wettbewerbsrechts

Das französische Wettbewerbsrecht unterscheidet traditionsgemäß zwischen individuellen und kollektiven Wettbewerbsbeschränkungen[1].

Unter das Recht der individuellen Wettbewerbsbeschränkungen — dem in Deutschland in etwa das Recht des unlauteren Wettbewerbs vergleichbar ist[2] — fallen das Verbot der Verkaufsverweigerung, das Verbot diskriminierender Verkaufspraktiken, das Verbot der Festlegung von Mindestverkaufspreisen, das Verbot von Prämien- und Koppelungsverkäufen[3] und das Verbot der irreführenden Werbung[4].

Die Regeln der kollektiven Wettbewerbsbeschränkungen, des eigentlichen Kartellrechts, beruhten bis 1953 zum einen auf Artikel 419 Code pénal, der in seiner ursprünglichen Fassung hauptsächlich zur Unterdrückung einzelner Spekulations- und Hamstergeschäfte geschaffen worden war und Zusammenschlüsse von Korn- und Lebensmittelwucherern verhindern sollte[5], zum andern auf dem Grundsatz der Handels- und Gewerbefreiheit, mit dem als Bestandteil des ordre public nach der Rechtsprechung bestimmte Absprachen unvereinbar waren[6].

Erst seit 1953 wurde zögernd eine weitere Kartellregelung auf dem Verordnungswege geschaffen und allmählich ausgebaut. Durch Gesetz vom 19. 7. 1977 schließlich wurden eine Konzentrationskontrolle einge-

---

[1] *Fromont,* S. 61.

[2] Siehe *Ulmer / Krasser,* Unlauterer Wettbewerb, Bd. IV, Frankreich, S. 45 ff. zur genaueren Sprachregelung und einigen Überschneidungen.

[3] Alles Verbote gemäß Artikel 37 der Verordnung 45—1483 vom 30. 6. 1945; dazu *de Roux / Voillemot / Vassogne:* Le droit francais de la concurrence, S. 139 ff. Zum refus de vente bei Banken *Gavalda / Stoufflet* (II), S. 342 ff.

[4] Gesetz vom 2. 7. 1963 und vom 27. 12. 1973; dazu *de Roux / Voillemot / Vassogne,* S. 297 ff.; zum ganzen knapp *Fromont,* S. 61 ff. Einige Zahlenangaben über Verwaltungsmaßnahmen bei Zuwiderhandlungen in: EG-Kommission, 7. Wettbewerbsbericht 1977, S. 94.

[5] Siehe Wettbewerbskommission, Rapport 1954 et 1955, S. 1.

[6] *Ulmer / Krasser,* S. 461 ff. Zur Geschichte des französischen Wettbewerbsrechts *Freitag:* Konzentrationspolitik in Frankreich, S. 17 ff.

führt und Verfahrensverbesserungen bei dem bisherigen Kartellrecht vorgenommen.

Im Einzelfall kann die Abgrenzung zwischen dem Anwendungsbereich des Rechts der individuellen und der kollektiven Wettbewerbsbeschränkungen schwierig sein[7]. In der Praxis hat diese Frage jedoch bisher kaum Bedeutung gehabt[8].

1. Artikel 419 Code pénal

Artikel 419 Code pénal in der Fassung vom 3. 2. 1926 verbietet die künstliche Beeinflussung des Preises von Lebensmitteln, Wertpapieren oder Waren durch Einwirkung auf den Markt mit der Absicht, einen Gewinn zu erzielen, der nicht das Ergebnis des natürlichen Spiels von Angebot und Nachfrage ist[9].

Bei der Anwendung dieses Artikels hatte die Rechtsprechung bereits Mitte des 19. Jahrhunderts begonnen, zwischen „guten" und „schlechten" Kartellen zu unterscheiden. Die guten Kartelle zeichneten sich dadurch aus, daß sie sich durch ihre marktordnenden Maßnahmen keine unangemessenen wirtschaftlichen Vorteile zum Schaden der Allgemeinheit verschafften, während die schlechten Kartelle nur den Zweck verfolgten, höhere Gewinne zu erzielen als sie sich bei freiem Wettbewerb ergeben hätten[10]. Diese Differenzierung wurde auch nach der Neufassung des Artikels 419 Code pénal am 3. 2. 1926 durch die Rechtsprechung beibehalten. Danach entgehen regelmäßig der Strafdrohung dieses Paragraphen Vereinbarungen, die nicht auf eine rasche, spekulative Bereicherung der Beteiligten gerichtet sind, sondern auf eine dauerhafte Organisation der Produktion und des Absatzmarktes[11]. Dagegen verstoßen gegen Artikel 419 Code pénal Absprachen zur Schaffung einer monopolartigen Marktstellung, welche die Abnehmer der monopolisierten Wa-

---

[7] Dies betrifft wettbewerbsbeschränkende Absprachen zwischen einzelnen Unternehmen verschiedener Wirtschaftsstufen, die u. U. sowohl unter Art. 37 als auch unter Art. 50 der Preisverordnung fallen können, siehe *Hoffmann:* Die Spruchpraxis der französischen Kartellkommission zu wettbewerbsbeschränkenden Absprachen im Vergleich zum deutschen Recht, S. 40 ff. und *de Roux / Voillemot / Vassogne*, S. 177 ff.

[8] Siehe *Hoffmann*, S. 45.

[9] *Sennewald:* Kartelle und vertikale Wettbewerbsbeschränkungen in Frankreich, S. 18; *Schatz:* Die Zulässigkeit wettbewerbsbeschränkender Vereinbarungen nach den innerstaatlichen Rechtsvorschriften Frankreichs, S. 43.

[10] Als Ansatzpunkt für die klassisch gewordene Unterscheidung zwischen guten und schlechten Kartellen wird die Entscheidung des Cour de Grenoble vom 1. 5. 1894 zitiert, wonach ein Kartell dann nicht gegen das Gesetz verstößt, wenn es einen Preisverfall durch Abmilderung der Härten und Auswüchse der örtlichen Konkurrenz zu verhindern sucht; siehe *Sennewald*, S. 19; *Schatz*, S. 36 ff.

[11] *Ulmer / Krasser*, S. 459 f. mwN.; *Schatz*, S. 39 mwN.

ren in eine vollkommene Abhängigkeit bringen und eine willkürliche Preisgestaltung ermöglichen, sowie Absprachen, wenn sie als Machtmittel zu diskriminierenden Maßnahmen gegen Dritte benutzt werden[12].

Jedoch wurden nach 1926 auch Kartelle mit monopolartiger Marktstellung kaum noch zur Verurteilung gebracht, da die Rechtsprechung Artikel 419 Code pénal immer restriktiver auslegte[13].

2. Der Grundsatz der Handels- und Gewerbefreiheit

Auch der Grundsatz der Handels- und Gewerbefreiheit, der auf das Gesetz vom 2./17. 3. 1791 (Loi Chapelier) zurückgeht, und der sowohl die Betätigungsfreiheit des einzelnen Gewerbetreibenden schützt wie das öffentliche Interesse an der Freiheit des Wettbewerbs als einer Institution der Wirtschaftsverfassung, wurde von der Rechtsprechung in enger Anlehnung an Artikel 419 Code pénal restriktiv bei der Anwendung auf wettbewerbsbeschränkende Maßnahmen ausgelegt. Danach stehen wettbewerbsbeschränkende Maßnahmen solange nicht diesem Prinzip der Handelsfreiheit entgegen, als sie nicht das Bestreben erkennen lassen, den Wettbewerb durch Monopolbildung völlig auszuschalten[14]

Der Schutzzweck und die Anwendungsvoraussetzungen des Artikels 419 Code pénal und des Grundsatzes der Handelsfreiheit decken sich somit weitgehend. Jedoch orientieren sich die Gerichte bei der Beurteilung wettbewerbsbeschränkender Abreden vorzugsweise am Grundsatz der Handelsfreiheit, da sie auf diese Weise nicht an den engeren Rahmen des gesetzlichen Tatbestandes des Artikels 419 Code pénal gebunden sind[15]. Im Ergebnis bekämpfen beide Regeln der kollektiven Wettbewerbsbeschränkungen nur den krassen Mißbrauch der im Prinzip hier anerkannten Zulässigkeit wettbewerbsbeschränkender Maßnahmen[16].

Die Gründe für das Ungenügen und die fehlende Durchschlagskraft dieser Kartellregeln liegen in der Unbestimmtheit sowohl des Prinzips der Handelsfreiheit als auch des Tatbestandes des Artikels 419 Code pénal: insbesondere bei letzterer mit scharfen Haupt- und Nebenstrafen ausgestatteter Strafvorschrift bedeutete dies eine erhebliche Beeinträchtigung der Rechtssicherheit und führte fast zwangsläufig zu einer restriktiven Auslegung. Darüber hinaus war die Justiz mit einer sachge-

---

[12] *Ulmer / Krasser*, S. 460; *Schatz*, S. 44.

[13] Vgl. *de Roux / Voillemot / Vassogne*, S. 127; *Ulmer / Krasser*, S. 460.

[14] *Ulmer / Krasser*, S. 463.

[15] *Krasser*, S. 462; dies scheint auch im Verhältnis zu den Art. 59 *bis* ff. noch so gewesen zu sein, siehe *Plaisant* (I): Die Verordnung Nr. 67-835 vom 28. September 1967 über den unlauteren Wettbewerb, in: Wirtschaft und Wettbewerb, 1968, S. 360—367 (367).

[16] *Sennewald*, S. 19; *Schatz*, S. 129.

rechten Unterscheidung zwischen guten und schlechten Kartellen letztlich überfordert. Auch erzwang die während des ersten Weltkrieges herrschende Not reglementierende und wettbewerbsbeschränkende staatliche Maßnahmen; die Wirtschaftskrise von 1930 und schließlich der zweite Weltkrieg führten erneut zu dirigistischen Wirtschaftsregelungen und unter der Vichy-Regierung zu einem System von Berufskartellen, die auch noch nach dem Krieg faktisch und rechtlich lange Zeit aufrechterhalten wurden[17]. Vor diesem Hintergrund langer Phasen dirigistischer Wirtschaftspolitik führten die Wettbewerbsregeln notwendig ein Schattendasein.

3. Die Artikel 50 ff.[18] der Preisverordnung von 1945

Die Entwicklung kartellierter Wirtschaftsbereiche schuf jedoch allmählich Probleme, an denen der Gesetzgeber nicht achtlos vorbeigehen konnte. Seit 1918 gab es daher zahlreiche Projekte und Vorschläge, die eine echte Kartellgesetzgebung zum Ziel hatten[19]. Die Mehrzahl dieser Entwürfe sah die von der Rechtsprechung entwickelte Unterscheidung zwischen guten und schlechten Kartellen vor und ein Kollegialorgan, das je nach Konzeption entweder eine einfache beratende Kommission sein sollte oder eine Art dritte Gerichtsbarkeit. Keines der Projekte wurde verabschiedet, was zum Teil auf die legislatorische Schwäche der 4. Republik, zum Teil auf die umstrittene Materie selbst zurückgeführt wird[20].

Da das Parlament zu keiner Einigung gelangte, erteilte es schließlich der Regierung in Artikel 7 des Gesetzes vom 11. 7. 1953 Vollmacht, Maßnahmen zur Aufrechterhaltung und Wiederherstellung des freien Wettbewerbs in Industrie und Handel zu treffen. Auf diese Aufforderung hin wurden durch Dekret von 9. 8. 1953 die Artikel 59 *bis*, *ter* und *quater* in die Preisverordnung Nr. 45—1483 vom 30. 6. 1945 eingefügt[21]. Durch Artikel 3 des Gesetzes vom 2. 7. 1963 wurden die Wettbewerbsvorschriften auch auf marktbeherrschende Stellungen ausgedehnt; eine Verordnung vom 28. 9. 1967 brachte dann eine leichte Modifizierung und eine textliche Angleichung an die europäischen Wettbewerbsvorschriften.

[17] Wettbewerbskommission, Rapport 1954 et 1955, S. 1 f.; *Sennewald*, S. 34 f.; *Schatz*, S. 34 f.

[18] Die bisherigen Artikel 59 *bis*, *ter*, *quater*, siehe Artikel 12 des Gesetzes vom 19. 7. 1977.

[19] Dazu *Sennewald*, S. 36—58; *Schatz*, S. 11 ff.

[20] Wettbewerbskommission, Rapport 1954 et 1955, S. 2.

[21] Das Dekret wurde hinsichtlich der Strafbestimmungen vom Staatsrat wieder aufgehoben, weil die Regierung nicht befugt war, diese Strafen im Verordnungswege einzuführen. Die Bestimmungen wurden jedoch aufgrund einer neuen Ermächtigung in fast der gleichen Formulierung mit Dekret vom 24. 6. 1958 wieder eingeführt; siehe *Plaisant* (I), S. 360.

Das Gesetz zur Konzentrationskontrolle vom 19. 7. 1977[22] verbesserte das bisherige Kartellverfahren und benannte die Artikel 59 *bis*, *ter* und *quater* (Sektion IV des III. Buches) in Artikel 50, 51 und 52 (Sektion III des III. Buches) der genannten Preisverordnung um (Artikel 12 des Gesetzes vom 19. 7. 1977).

Überschneidungen der Artikel 50 ff. mit dem nach wie vor geltenden Artikel 419 Code pénal und dem Grundsatz der Handels- und Gewerbefreiheit sind theoretisch möglich; auch sieht Artikel 51 Rechtfertigungsmöglichkeiten vor, die für die übrigen Vorschriften nicht bestehen; aufgrund der verschwindenden Bedeutung jener Regeln und ihrer restriktiven Auslegung sind daraus resultierende juristische Probleme jedoch praktisch ausgeschlossen.

Die Einfügung der Artikel 50 ff. in die Preisverordnung sollte zunächst den vorläufigen und experimentellen Charakter der Vorschriften deutlich machen, um eine eventuelle spätere legislative Regelung zu erproben und vorzubereiten[23]. Gleichzeitig ergab sich dieses Vorgehen aus juristischen Praktikabilitätserwägungen: die Preisverordnung sah bereits ein vom Opportunitätsprinzip beherrschtes Sanktionsverfahren vor, bei dem eine Wirtschaftsbehörde und nicht die Staatsanwaltschaft die Hauptrolle spielte. Auf diese Weise konnte auf qualifizierte Beamte dieser Behörde, der damals bestehenden „Generaldirektion für Preise und Wirtschaftskontrolle", zurückgegriffen werden[24].

Das Einfügen des Wettbewerbsrechts in das Preisrecht[25] entsprach zudem der in Frankreich vorherrschenden Ansicht, Wettbewerb nicht als Selbstzweck, sondern als eines von mehreren Instrumenten zur Erreichung anderer wirtschaftspolitischer Ziele, zur Bewältigung von Entwicklungs- und Wachstumsproblemen, zur Unternehmensumstrukturierung und insbesondere zur Bekämpfung von Preissteigerungen, zu betrachten[26].

Zunächst stellten die Kartellvorschriften somit nur einfache Maßnahmen im Kampf gegen inflationäre Entwicklungen dar, so daß die Übernahme dieser Regeln in die Preisverordnung verständlich erscheint.

---

[22] Loi. no. 77-806 du 19 juillet 1977 relative au contrôle de la concentration économique et à la répression des ententes illicites et des abus de position dominante, in: Journal Officiel vom 20. 7. 1977, S. 3833 ff. und dazu ergangene Anwendungsverordnung Nr. 77-1189 vom 25. 10. 1977, in: Journal Officiel vom 26. 10. 1977, S. 5223 f.

[23] Wettbewerbskommission, Rapport 1954 et 1955, S. 2.

[24] Siehe *Plaisant* (I), S. 365; *Fourré:* Kartellkontrolle in Frankreich, in: Außenwirtschaftsdienst des Betriebs-Beraters, Nov. 1963, S. 324—328 (325).

[25] Zu dessen großer Bedeutung siehe *Fromont*, S. 17 f., 48 ff.

[26] Siehe *Fromont*, S. 61; *de Narbonne / Vernimmen*, S. 1051 f.

Erst durch die in der Verordnung von 1967 eingeführte Modifizierung wurde die Verbindung zum Preisrecht etwas gelockert. Zwar blieben die Kartellvorschriften Teil der Preisverordnung, aber sie erhielten einen eigenen Anwendungsbereich: während die gemäß der Regelung von 1953 verbotenen Kartelle einen schädigenden Effekt sowohl auf den Wettbewerb als auch auf die Preise haben mußten, genügt nunmehr eine Wettbewerbsbeschränkung, die auch ohne Auswirkung auf die Preise bleiben kann[27]. Dennoch ist nach wie vor eines der Hauptziele des französischen Wettbewerbsrechts, preissenkend zu wirken[28].

Heutzutage besteht das Paradox, daß dasselbe Preisrecht, als dessen Anhang sich das Wettbewerbsrecht entwickelte, zunehmend als wettbewerbshindernd kritisiert wird, da Höchstpreisbestimmungen, staatlich festgelegte Handelsspannen und im Rahmen dieses Preisrechts abgeschlossene „Programmverträge" zwischen Berufsverbänden und dem Staat über Richtpreise für bestimmte Produkte ein Parallelverhalten ganzer Berufszweige geradezu herausfordern[29].

a) Das Verbot wettbewerbsbeschränkender Maßnahmen und des Mißbrauchs einer marktbeherrschenden Stellung, Artikel 50

Artikel 50 Absatz I der Preisverordnung vom 30. 6. 1945[30] verbietet

> „alle gemeinschaftlichen Maßnahmen (action concertée), alle Verträge, alle ausdrücklichen oder stillschweigenden Absprachen oder Zusammenschlüsse, gleich welcher Form und gleich welchen Rechtsgrundes, deren Ziel es ist oder deren Wirkung es sein kann, die freie Ausübung des Wettbewerbs zu behindern, zu beschränken oder zu verfälschen, insbesondere indem sie
> eine Senkung der Gestehungskosten oder der Verkaufs- oder Wiederverkaufspreise verhindern,
> indem sie eine künstliche Preissteigerung oder eine künstliche Preissenkung begünstigen,
> indem sie den technischen Fortschritt hemmen,
> indem sie die Ausübung des freien Wettbewerbs durch andere Unternehmen beschränken.
>
> Diese Verbote betreffen alle Güter, Produkte oder Dienstleistungen ungeachtet jeder gegenteiligen Bestimmung"[31].

[27] *Fromont*, S. 61; Wettbewerbskommission, Rapport 1967, S. 4.

[28] Siehe Text des Artikels 50 und Commissariat Général du Plan, Préparation du VIe Plan, Comité de la Concurrence, Rapport, S. 13, 19, 59; aktuell bei der Inflationsbekämpfung wieder in VIIe Plan de développement économique et social (1976—1980), projet soumis par le gouvernement à l'avis du conseil économique et social, S. 64.

[29] Siehe Conseil Economique et Social: La réglementation de la concurrence, des ententes et des positions dominantes en France et dans la CEE élargie, in: Journal Officiel vom 9. 7. 1974, S. 1099—1134 (1115 f.); *Jenny et Weber*, S. 96 f., 163 f., und Le Monde vom 27. 9. 1977, S. 26.

[30] Der bisherige Artikel 59 *bis* in der seit 1967 gültigen Fassung.

Nach Artikel 50 Absatz II ist jede Verpflichtung und jeder Vertrag, der sich auf ein nach Absatz I verbotenes Verhalten bezieht, nichtig. Auf die Nichtigkeit können sich die Vertragsparteien ebenso wie geschädigte Dritte berufen.

Die Generalklausel des Artikels 50 Absatz I verbietet somit jedes einverständliche Zusammenwirken am Markt, das eine Beschränkung des Wettbewerbs bezweckt oder bewirkt. Hierbei mißt die Wettbewerbskommission das Vorliegen einer Wettbewerbsbeschränkung in der Regel abstrakt daran, ob und wieweit die Wirkung einer Absprache von einem wettbewerblichen Marktergebnis abweicht. Daneben stellt sie den Schutz der wirtschaftlichen Freiheit anderer Marktteilnehmer dann in den Vordergrund, wenn deren Wettbewerbsposition durch mehr oder weniger gezielte Absprachen unmittelbar beeinträchtigt wird[32]. Die in Artikel 50 aufgeführten Beispiele für Wettbewerbsbeschränkungen sind weder abschließend noch für eine Interpretation unbedingt maßgeblich[33].

Artikel 50 Absatz III verbietet

> „unter denselben Voraussetzungen Maßnahmen von Unternehmen oder Unternehmensgruppen, die auf dem Binnenmarkt oder einem wesentlichen Teil desselben[34] eine durch ein Monopol oder eine deutliche Konzentration wirtschaftlicher Macht gekennzeichnete marktbeherrschende Stellung innehaben, sofern diese Maßnahmen eine Beeinträchtigung des normalen Funktionierens des Marktes zum Ziele haben oder zur Wirkung haben können".

Nicht anwendbar ist jedoch das Wettbewerbsrecht, wenn auf Grund staatlicher Regelungen bestimmte Güter oder Dienstleistungen dem Marktmechanismus völlig entzogen sind[35].

b) Die Rechtfertigung einer Wettbewerbsbeschränkung, die auf einer staatlichen Regelung beruht, Artikel 51 Ziffer 1

Die Frage, ob die Wettbewerbsvorschriften überhaupt Anwendung finden, ist abzugrenzen von der Ausnahmeregel des Artikels 51 Ziffer 1[36]: danach finden die Vorschriften des Artikels 50

---

[31] Dieser letzte Absatz wurde bei der Verordnung 1967 noch eingefügt; Journal Officiel vom 29. 9. 1967, S. 9595.

[32] Siehe *Hoffmann*, S. 54, 76 ff.

[33] Siehe *de Roux / Voillemot / Vassogne*, S. 77.

[34] *ou une partie substantielle de celui-ci* wurde durch Art. 14 des Gesetzes vom 19. 7. 1977 eingefügt.

[35] *de Roux / Voillemont / Vassogne*, S. 61 f.

[36] Der bisherige Artikel 59 *ter* Ziffer 1.

„keine Anwendung auf gemeinschaftliche Maßnahmen, Vereinbarungen oder Absprachen, sowie auf Maßnahmen von Unternehmen oder Unternehmensgruppen mit marktbeherrschender Stellung, welche die Folge der Anwendung von Gesetzen oder behördlichen Vorschriften sind".

Wettbewerbsbeschränkende Maßnahmen, die auf einer gesetzlichen oder behördlichen Regelung beruhen, sind somit vom allgemeinen Verbot des Artikels 50 ausgenommen.

Die Verordnung vom 28. 9. 1967 (Nr. 67—835) bestimmte zu diesem Befreiungstatbestand, daß behördliche Vorschriften, die vor dem 31. 10. 1967 erlassen worden sind, ab dem 1. 1. 1969 nicht mehr als Rechtfertigungsgründe im Sinne dieses Artikels herangezogen werden könnten. Grund dafür war, daß sich Unternehmen häufig zur Rechtfertigung wettbewerbsbeschränkender Maßnahmen auf alte und teilweise in Vergessenheit geratene staatliche Krisenreglementierungen und Zwangskartelle beriefen, die ihre Berechtigung verloren hatten. Hier sollte ein zeitlicher Schlußstrich gezogen werden[37]. Die daraus resultierenden juristischen Probleme waren jedoch beachtlich: als sich Ölfirmen in einem Kartellverfahren 1972/73 auf eine Regelung beriefen, die sich aus einem Gesetz vom 30. 3. 1928 ableitete, mußten zwei Minister im Einvernehmen mit der Wettbewerbskommission den Bereich und die Grenzen einer zulässigen Kooperation dieser Firmen neu definieren[38].

Bedenklich erscheint die Ausnahmeregelung des Artikels 51 Ziffer 1 im Hinblick auf die hierdurch dem französischen Staat eröffnete Möglichkeit, bestimmte Unternehmen dem Anwendungsbereich der Kartellverbote zu entziehen und dadurch anderen Unternehmen gegenüber zu privilegieren. So entschied das Tribunal de Commerce de la Seine, daß die kartellrechtlichen Verbote des Artikels 50 auf die vom Staat kontrollierte Rundfunkanstalt ORTF nicht anwendbar seien — selbst wenn ein Mißbrauch einer marktbeherrschenden Stellung nachgewiesen werde —, weil die Tätigkeit der Rundfunkanstalt auf einer gesetzlichen Regelung beruhe[39].

---

[37] Siehe Wettbewerbskommission, Rapport 1967, S. 4; *Freitag*, S. 52; Commisariat Général du Plan, Préparation du VIe Plan, Comité de la Concurrence, Rapport, S. 46 und 58; danach sollte zusätzlich der Anwendungsbereich des Artikels 51 Ziffer 2 (bilan économique) erweitert werden.

[38] Siehe Conseil Economique et Social, S. 1117 f. und das hierzu ergangene Protokoll, S. 1128 ff., das ebenfalls im Bulletin officiel des services des prix vom 20 2. 1974 veröffentlicht wurde.

[39] Fédération Nationale du Cinema Français gg. Radio Diffusion Télévision Française; Juris Classeur Périodique 1965, II, Nr. 14208; 1967, II, Nr. 15157, jeweils mit Anmerkungen von Lyon-Caen. Der Cour d'Appel de Paris verneinte später das Vorliegen eines Mißbrauchs einer marktbeherrschenden Stellung, siehe Juris Classeur Périodique 1973, IV, S. 31, nachdem er ein Gutachten der Wettbewerbskommission eingeholt hatte. Diese verneinte so-

Zwar stimmt diese Entscheidung mit den von der Wettbewerbskommission zu Artikel 51 Ziffer 1 aufgestellten Grundsätzen nicht überein; denn die Wettbewerbskommission läßt es für die Anwendung dieses Artikels nicht genügen, daß allgemein die Tätigkeit (activité) eines Unternehmens auf einer staatlichen Vorschrift beruht, sondern verlangt, daß gerade die beanstandete Wettbewerbsbeschränkung *„die direkte und unausweichliche Folge"* einer solchen Vorschrift sein müsse[40]. Doch auch unter diesen Voraussetzungen erhebt sich die Frage der Vereinbarkeit dieser Ausnahmeregelung mit Artikel 90 EWG-Vertrag: Artikel 51 Ziffer 1 ermöglicht dem französischen Staat, durch eine gesetzliche oder administrative Bestimmung Unternehmen von den Wettbewerbsvorschriften gesichert freizustellen, während Artikel 90 Absatz I EWG-Vertrag den Staaten gerade verbietet, in bezug auf die ihrem Einfluß unterstehenden Unternehmen den Wettbewerbsregeln widersprechende Maßnahmen zu treffen oder beizubehalten[41].

c) Die Rechtfertigung einer Wettbewerbsbeschränkung, die dem wirtschaftlichen Fortschritt dient (bilan économique), Artikel 51 Ziffer 2

Die weitere Ausnahme vom Verbot der Wettbewerbsbeschränkungen bilden nach Artikel 51 Ziffer 2[42] Kartelle,

> „deren Urheber in der Lage sind, darzutun, daß sie die Sicherung der Entwicklung des wirtschaftlichen Fortschritts, insbesondere durch einen Produktivitätszuwachs, zur Folge haben".

Unter weitgehender Lösung vom Wortlaut dieses Textes erstellt die Wettbewerbskommission in ihren Gutachten zu dieser Frage eine wirtschaftliche Bilanz *(bilan économique)*, in der sie die gesamtwirtschaftlich günstigen und schädlichen Auswirkungen der untersuchten Wettbewerbsbeschränkungen gegeneinander abwägt[43]. Hierbei konnte sie an die in der Rechtsprechung übliche Unterscheidung zwischen „guten" und „schlechten" Kartellen zwanglos anknüpfen[44].

gar , daß die in Frage stehende Tätigkeit des ORTF die Folge einer gesetzlichen oder behördlichen Regelung sei; siehe Gutachten vom 22. 11. 1968, abgedruckt im Rapport 1972, S. 33 f., J. O. Doc. Ad. vom 11. 1. 1974.

[40] Siehe *de Roux / Voillemot / Vassogne*, S. 107; Wettbewerbskommission, Rapport 1973, S. 2603, J. O. Doc. Ad. vom 19. 7. 1974.

[41] So auch *Laugier:* La notion d'abus de position dominante en droit interne. Reflexions après l'arrêt du 17 mai 1967, in: Gazette du Palais, 1967, S. 69—71 (70 f.).

[42] Der bisherige Artikel 59 *ter* Ziffer 2.

[43] Siehe *de Roux / Voillemot / Vassogne*, S. 112 ff., die sich um eine gewisse Systematisierung der von der Wettbewerbskommission hierzu herangezogenen Gesichtspunkte bemühen; und *Hoffmann*, S. 111 ff.

[44] Siehe oben 2. Teil unter I. 1., und Conseil Economique et Social, S. 1117.

Die Gesamtabwägung des *bilan économique* übersteigt den einfachen juristischen Rahmen des Artikels 51. Die Wettbewerbskommission kann soziale Gesichtspunkte, die internationale Wettbewerbssituation, Besonderheiten eines Wirtschaftszweiges, das „nationale Interesse“ u. a. m. berücksichtigen[45]. Auch bei einem negativen Ergebnis der wirtschaftlichen Bilanz sah die Wettbewerbskommission in der Regel bisher davon ab, die Einleitung eines Strafverfahrens zu empfehlen, sondern forderte beispielsweise staatliche Stellen auf, in Abstimmung mit dem betreffenden Wirtschaftszweig eine Regelung zu finden, die im Hinblick auf die Besonderheiten der Branche eine gewisse Marktdisziplin erlaubt, oder sie gewährte eine Übergangsfrist zur Auflösung der Kartelle[46]. Grund dafür ist, daß sie ihre Aufgabe weniger in einem repressiven Vorgehen gegen Wettbewerbsbeschränkungen sieht als vielmehr in einer „Erziehung“, die zur Berichtigung eines dem Gemeinwohl abträglichen Verhaltens führt[47].

d) Das Kartellverfahren, Artikel 52 ff.

Das Kartellverfahren selbst wird vom modifizierten Artikel 52[48] und den durch das Gesetz vom 19. 7. 1977 hinzugekommenen Artikel 53 bis 59 geregelt: die Wettbewerbskommission (bisher: technische Kommission für Kartelle und marktbeherrschende Stellungen) erstellt auf Ersuchen des Wirtschaftsministers — die Anregung dazu geht in der Praxis zumeist von privaten Anzeigen aus — Gutachten über die Gesetzmäßigkeit von Kartellen oder Maßnahmen marktbeherrschender Unternehmen. Auf eigene Initiative hin wurde die Wettbewerbskommission seither selten tätig, da ihr Unterbau, die *Direction du commerce intérieur et des prix* hauptsächlich mit der Überwachung der zahlreichen Preisvorschriften beschäftigt ist[49].

Stellungnahmen können seit 1977 auch auf Anregung von Gebietskörperschaften, Berufsverbänden, Gewerkschaften oder zugelassenen Verbraucherverbänden abgegeben werden (Artikel 52 Absatz IV).

Daneben kann die Wettbewerbskommission seit 1968 unmittelbar von den ordentlichen Gerichten um ein Gutachten ersucht werden, wenn die

---

[45] Siehe *de Roux / Voillemot / Vassogne,* S. 112 ff., 115 f. Als weitere rechtfertigende Umstände sind von der Wettbewerbskommission anerkannt: Produktionsausweitungen, Exportsteigerungen, „die harmonische Entwicklung einer neuen Industrie“, Rationalisierung, Spezialisierung, gemeinsame Forschungsbemühungen, Qualitätsüberwachung u. a.

[46] Siehe *Hoffmann,* S. 156 ff. mit Nachweisen.

[47] Conseil Economique et Social, S. 1106.

[48] Der bisherige Artikel 59 *quater,*

[49] Dazu Conseil Economique et Social, S. 1106 f.

Rechtswirksamkeit wettbewerbsbeschränkender Absprachen in Frage steht[50]

Auf Grund dieser Gutachten, aber ohne an sie gebunden zu sein, entscheidet der Wirtschaftsminister, ob die Akten der Staatsanwaltschaft zur Einleitung eines gerichtlichen Verfahrens nach der Preisverordnung[51] oder nach Artikel 419 Code pénal zu übergeben sind (Artikel 52 Absatz VII). Falls dies geschieht, ist die Möglichkeit einer privaten Schadensersatzklage eröffnet (Artikel 59 Absatz II).

In der Regel schlug der Wirtschaftsminister bisher den Parteien eine gütliche Einigung vor *(règlement amiable)*[52], wodurch eine Strafverfolgung vermieden wurde. So wurden bis 1974 nur in 5 % aller Kartellverfahren Strafsanktionen verhängt[53]. Seit 1977 ist die Möglichkeit des *règlement amiable* weggefallen[54].

Stattdessen sind entsprechend dem Vorbild des europäischen Wettbewerbsrechts nunmehr auch Verwaltungsstrafen möglich[55]:

Der Wirtschaftsminister kann Unternehmen, die den Kartellverboten des Artikels 50 zuwiderhandeln, eine Geldbuße bis zu 5 % des letzten in Frankreich erzielten Jahresumsatzes auferlegen, und Nichtunternehmen eine Strafe bis zu 5 Mio. Frs. (Artikel 53).

Geldbußen bis 100 000.— Frs. kann der Wirtschaftsminister gegen Unternehmen in einem beschleunigten Verfahren bei geringfügigen Kartellverstößen verhängen, wobei — im Unterschied zu Artikel 53 — nur die Zustimmung des Vorsitzenden der Wettbewerbskommission erforderlich ist (Artikel 55).

Weiter gibt Artikel 54 dem Wirtschaftsminister die Möglichkeit, Unternehmen oder Personen aufzugeben, in einer bestimmten Frist die notwendigen Maßnahmen zur Wiederherstellung einer normalen Wettbewerbssituation zu treffen oder Umstände nachzuweisen, die das Kartell nach Artikel 51 Ziffer 2 *(bilan économique)*[56] rechtfertigen könnten. Von letzterer Möglichkeit wurde bereits bisher mit teilweise mehrjährigen „Bewährungfristen" Gebrauch gemacht[57].

[50] Verordnung Nr. 68-1027 vom 23. 11. 1968.

[51] Verordnung Nr. 45-1484 vom 30. 6. 1945 über die Feststellung und Unterdrückung von Verstößen gegen die Wirtschaftsgesetzgebung.

[52] Zur umstrittenen Rechtsnatur dieses règlement, einer Mischung aus Vertrags- und Strafrecht *de Roux / Voillemot / Vassogne*, S. 45 f.

[53] Conseil Conomique et Social, S. 1106.

[54] Artikel 12 des Gesetzes vom 19. 7. 1977.

[55] Siehe Assemblée Nationale No. 2388 vom 15. 6. 1976 zum Gesetzesprojekt, S. 4 (exposé des motifs).

[56] Siehe oben, 2. Teil, Kapitel I. 3. c).

[57] Siehe Wettbewerbskommission, Rapport 1973, S. 2606.

Beim Mißbrauch einer marktbeherrschenden Stellung kann der Wirtschaftsminister die Unternehmen oder Unternehmensgruppen veranlassen, die dazu führenden Handlungen oder Rechtsgeschäfte zu ändern oder rückgängig zu machen, selbst wenn diese bereits Objekt einer Zusammenschlußkontrolle waren. Hierbei kann der Wirtschaftsminister nicht über die Vorschläge der Wettbewerbskommission hinausgehen. Falls den Anordnungen des Wirtschaftsministers nicht nachgekommen wird, können die in Artikel 53 vorgesehenen Strafen ausgesprochen werden.

Diese erweiterten Sanktions- und Regelungsbefugnisse wurden geschaffen, weil die bisherigen 2 Verfahrensmöglichkeiten (Einleitung eines Gerichtsverfahrens oder *règlement amiable)* teilweise unangemessene und teilweise ungenügende Wirkungen zeigten: das repressive Verfahren traf nur natürliche Personen und nicht Unternehmen; andererseits führte das *règlement amiable* oft nicht zu einer Veränderung des beanstandeten wettbewerbsbeschränkenden Verhaltens[58].

Im Gegenzug zu den Verschärfungen des Kartellrechts sind nunmehr der Verteidigung durch die Einführung eines rein kontradiktorischen Verfahrens größere Garantien gewährleistet (Artikel 16 und Anwendungsverordnung vom 25. 10. 1977), ebenso wie durch die Möglichkeit, gegen die ministeriellen Entscheidungen vor dem obersten Verwaltungsgericht (Conseil d'Etat) zu klagen (Artikel 56).

4. Das Gesetz zur Kontrolle der Unternehmenskonzentration

Durch das Gesetz vom 19. 7. 1977 und die Anwendungsverordnung vom 25. 10. 1977 wurden oben beschriebene Wettbewerbsvorschriften ergänzt[59]. Hierbei ging man davon aus, daß Wettbewerb durch Konzentrationsbewegungen, seien sie horizontal, vertikal oder konglomerat, ebenso beeinträchtigt werden kann wie durch Kartelle. Der Schutz des Wettbewerbs sollte deshalb durch eine Regelung verbessert werden, deren Ziel es ist, Unternehmenszusammenschlüsse zu überwachen, die für den Wettbewerb erhebliche Nachteile mit sich bringen können, ohne den wirtschaftlichen und sozialen Fortschritt hinreichend zu fördern. Das Gesetz vom 19. 7. 1977 will deshalb nach den Motiven nur solche

[58] Assemblée Nationale a.a.O., S. 4.

[59] Loi no. 77-806 du 19 juillet 1977 relatif au contrôle de la concentration économique et à la répression des ententes illicites et des abus de position dominante und Anwendungsverordnung Nr. 77-1189 vom 25. 10. 1977. Im Rahmen dieser Arbeit kann nur ein Überblick über die wichtigsten Bestimmungen gegeben werden; siehe auch EG-Kommission, 7. Wettbewerbsbericht (1977), S. 92 f. Zu den vorgehenden Entwürfen und Diskussionen siehe Le Monde vom 27. 5. 1976, S. 1, 34; vom 14. 1. 1977, S. 29; vom 22. 3. 1977, S. 22 und vom 11. 6. 1977, S. 10.

Maßnahmen mit Hilfe einer flexibel zu handhabenden und selektiven Zusammenschlußkontrolle verbieten, die eine „negative Bilanz" für die französische Wirtschaft zur Folge haben[60].

Hintergrund bildet die stark ausgeprägte französische Strukturpolitik[61], die Konzentrationsbewegungen in der französischen Wirtschaft aus sozialen Gründen, Gründen der technischen Effizienz und zur Förderung der internationalen Wettbewerbsfähigkeit meist positiv gegenübersteht oder sogar initiiert. Diese „Modernisierungspolitik" soll nicht, von ihren eigentlichen Zielen zweckentfremdet, mißbraucht werden.

Das Gesetz schuf ein aus elf hohen richterlichen Beamten und kompetenten Fachleuten zusammengesetztes Organ, die Wettbewerbskommission, welche die Aufgaben der früheren *Commission technique des ententes et des postions dominantes* übernimmt und ermächtigt ist, Unternehmenszusammenschlüsse zu prüfen und dazu ihre Stellungnahme abzugeben. Außerdem kann sie von der Regierung zu allen Wettbewerbsfragen angehört werden (Artikel 1 Absatz II).

Nach einer sehr umfassenden Definition der Handlungen oder Rechtsgeschäfte, die einen Zusammenschluß im Sinne des Gesetzes darstellen (Artikel 4 Absatz I), präzisiert Absatz III dieses Artikels die Eingriffsvoraussetzungen für die Prüfung: der von den sich zusammenschließenden Unternehmen auf dem Inlandsmarkt erzielte Umsatz muß 40 % des Inlandsverbrauchs bei Gütern, Waren oder gewerblichen Leistungen derselben oder austauschbarer Art übersteigen (horizontale Konzentration) oder für mindestens zwei der betreffenden Unternehmen 25 % bei Gütern, Waren oder gewerblichen Leistungen nicht substituierbarer Art (vertikale oder konglomerate Konzentration).

Diese für eine fakultative Kontrolle recht hoch gegriffenen Schwellen sollen nach den Gesetzesmotiven den Willen der Regierung verdeutlichen, notwendige industrielle Umstrukturierungen nicht zu verhindern, sondern nur eine exzessive Zusammenballung wirtschaftlicher Macht[62].

Die Benachrichtigung des Wirtschaftsministers von einem geplanten Zusammenschluß im Sinne des Artikels 4 ist nicht obligatorisch und auch noch 3 Monate nach Abschluß der Maßnahme möglich (Artikel 5 Absatz I). Dieses Benachrichtigungsverfahren soll den Unternehmen erlauben, den Standpunkt der Regierung kennenzulernen und bereits die

[60] Assemblée Nationale a.a.O., S. 3.

[61] Siehe *Fromont*, S. 61.

[62] Assemblée Nationale a.a.O., S. 3; kritisch dazu *Clement:* Les nouveautés introduites dans le droit français de la concurrence par la loi du 19 juillet 1977, in: Propriété Industrielle — Bulletin Documentaire no. 212 vom 15. 4. 1978, II — 156—158 (157).

eventuelle Zustimmung zur Realisierung des geplanten Projektes zu erhalten. Gleichzeitig sollen hierdurch nach den Gesetzesmotiven die Verantwortlichen der Wirtschafts- und Sozialpolitik die Möglichkeit erhalten, auf Umstrukturierungen Einfluß zu nehmen und sie mit einer harmonischen gesamtwirtschaftlichen Entwicklung in Einklang zu bringen[63].

Im übrigen *kann* eine nachträgliche Zusammenschlußkontrolle durch die Wettbewerbskommission oder den Wirtschaftsminister erfolgen (Artikel 5 Absatz II, III, Artikel 6).

Wenn sich der Wirtschaftsminister und der Minister des von einer Konzentrationsmaßnahme betroffenen Wirtschaftssektors — sei es bei einer Vorabkontrolle, sei es bei einer nachträglichen Kontrolle — zum Einschreiten entscheiden, so können sie dies nur in den Grenzen eines hierzu erstellten Gutachtens der Wettbewerbskommission (Artikel 8 Absatz I). Das Gutachten muß hierbei in weitestem Maße alle wirtschaftlichen und sozialen Aspekte der in Frage stehenden Konzentrationsmaßnahmen berücksichtigen (Artikel 7 Absatz I i. V. m. Artikel 4 letzter Absatz).

Dieses Verfahren soll es ermöglichen, zu angemessenen und differenzierten Entscheidungen je nach Einzelfall zu gelangen[64], wobei den Unternehmen alle Maßnahmen zur Aufhebung oder zur Änderung des geplanten oder bereits verwirklichten Zusammenschlusses vorgeschrieben werden können (Artikel 8 Absatz I). Auch kann die Rechtswirksamkeit eines Zusammenschlusses an die Beachtung von Auflagen geknüpft werden, die dem wirtschaftlichen und sozialen Fortschritt hinreichend dienlich sind und dadurch die bewirkten Wettbewerbsbeschränkungen ausgleichen (Artikel 8 Absatz II).

Im Falle einer Zusammenschlußanzeige muß die Wettbewerbskommission vom Wirtschaftsminister innerhalb von 3 Monaten nach Anzeige um Abgabe einer Stellungnahme ersucht werden (Artikel 6 Absatz II); nach Ablauf von 8 Monaten können vom Wirtschaftsminister keine Maßnahmen mehr angeordnet werden (Artikel 8 Absatz III).

Die in Artikel 8 vorgesehenen Kontrollbefugnisse können generell nicht ausgeübt werden, wenn der Zusammenschluß *„zum wirtschaftlichen und sozialen Fortschritt in einem solchen Maße beiträgt, daß er die bewirkten wettbewerblichen Nachteile ausgleicht. Bei der Bewertung dieses Beitrages ist die Wettbewerbsfähigkeit der betreffenden Unternehmen im Hinblick auf die internationale Konkurrenz zu berücksichtigen“* (Artikel 4 letzter Absatz).

---

[63] Assemblée Nationale a.a.O., S. 3.

[64] Ebenda.

Bei Nichtbeachtung der gemäß Artikel 8 ergangenen ministeriellen Entscheidungen können die in Artikel 53 ff. der Preisverordnung vorgesehenen Strafen verhängt werden (Artikel 9)[65].

Zusammenfassend läßt sich feststellen, daß Frankreich die gesetzlichen Grundlagen seiner Wettbewerbspolitik — durch Einführung der Mißbrauchsaufsicht, Verfahrensverbesserungen und durch das neue Konzentrationsgesetz — zunehmend verstärkt hat und damit die Konvergenz mit deutschen Auffassungen vorantreibt[66]. Andererseits ist die quantitative Bedeutung der französischen Kartellpolitik jedoch gering. Die Gerichte haben bis heute nur wenige Entscheidungen auf dem Gebiet der Kartelle und marktbeherrschenden Stellungen getroffen[67], und die Gutachtertätigkeit der Wettbewerbskommission hielt sich in engen Grenzen. So erstellte die Wettbewerbskommission 1977 neun Gutachten, 1976 zehn — die Höchstzahl an Gutachten, die sie je abgegeben hat —, während es 1975 sieben und 1974 sechs Gutachten waren. Von den 1976 und 1975 untersuchten Fällen wurden wiederum nur drei in ein gerichtliches Verfahren übergeleitet[68].

Auch hat sie in ihrer seitherigen Praxis den Regel/Ausnahmemechanismus der Artikel 50 und 51, der bei Fehlen einer Rechtfertigung nach Artikel 51 zu einem repressiven Verfahren führen müßte, weitgehend aufgehoben[69]. Inwieweit sich dies nach Fortfall des *règlement amiable* grundlegend ändern wird, bleibt abzuwarten.

Erfahrungen mit dem neuen Konzentrationsgesetz bestehen noch nicht.

Im Ergebnis erweisen sich die Kartellvorschriften mit ihren sehr dehnbaren Formulierungen[70] wie „wirtschaftlicher und sozialer Fortschritt“, dem Abwägungsmechanismus des *bilan économique* und den vom Opportunitätsprinzip beherrschten Verfahrensmöglichkeiten als ein sehr flexibles Instrument der französischen Wirtschaftspolitik; mit ihrer Hilfe kann der Wirtschaftsminister — der sowohl von der Konzeption der Kartellregeln her als auch in praxi über entscheidenden Einfluß verfügt — je nach den Umständen letztlich jedes wettbewerbsbeschrän-

---

[65] Siehe oben, 2. Teil unter I. 3. d).

[66] Vgl. *VerLoren van Themat:* Das Wirtschaftsrecht der Mitgliedstaaten der Europäischen Gemeinschaften in einer Wirtschafts- und Währungsunion, S. 18.

[67] EG-Kommission, 7. Wettbewerbsbericht (1977), S. 95.

[68] Wettbewerbskommission, Rapport 1976, S. 980, in: J. O. Doc. Ad. vom 5. 5. 1977, und OECD: Rapports annuels sur la politique de concurrence 1977, S. 53 ff.

[69] Siehe *Hoffmann,* S. 156.

[70] So die Wettbewerbskommission, Rapport 1967, S. 4, selbst zum Begriff „wirtschaftlicher Fortschritt“.

kende Verhalten verbieten, aber auch erlauben[71]. Dies gilt auch für das neue Konzentrationsgesetz, das zwar weitreichende Eingriffs- und Regelungsbefugnisse bereithält, deren tatsächliche Anwendung aber in das Belieben des Wirtschaftsministers stellt.

II. Die Stellung der Bankwirtschaft im französischen Wettbewerbsrecht

Wie der Überblick über das französische Wettbewerbsrecht bereits gezeigt hat, ist die Stellung der Bankwirtschaft im Kartellrecht gesetzlich nicht ausdrücklich geregelt, und weder die Rechtsprechung noch die Wettbewerbskommission hat sich zu dieser Frage je geäußert.

Der Bericht eines Wettbewerbskomitees zur Vorbereitung des 6. Planes hebt hervor, daß im Unterschied zur Bundesrepublik Deutschland das französische Wettbewerbsrecht keine Bereichsausnahmeregelung für die Bank- und Versicherungswirtschaft kennt. Die zuständigen Kartellbehörden hätten sich mit beiden Wirtschaftsbereichen noch nie beschäftigt, was jedoch nicht als eine Garantie für einen dort herrschenden unverfälschten Wettbewerb angesehen werden könne. Gleichzeitig wird betont, daß eine gründliche Studie zur Rolle des Wettbewerbs in den zwei Bereichen fehle. Über die Zweckmäßigkeit der bestehenden gesetzlichen Wettbewerbsbeschränkungen habe die Regierung zu entscheiden; ein lebhafterer Wettbewerb wird für wünschenswert erachtet[1].

In der Tat ist die Rolle des Wettbewerbs in der Bankwirtschaft bisher in Frankreich nur unter dem Aspekt erörtert worden, ob moderne Führungs- und Managementmethoden im Bankgewerbe angewandt werden können[2]. Teilweise wird hierbei zwar auf die gesetzlichen, die währungspolitisch bedingten und auf sogenannte inhärente Grenzen des Wettbewerbsprinzips in der Bankwirtschaft hingewiesen, ohne daraus jedoch Folgerungen für die Stellung der Banken im Wettbewerbsrecht zu ziehen. Als „inhärente" Wettbewerbsgrenze wird hierbei die Tatsache angesehen, daß die Banken eine Aufgabe von allgemeinem Interesse erfüllen und daß Bankbeziehungen zu Unternehmen und Privatkunden

---

[71] Siehe *Plaisant* (I), S. 367; *ders.* (III): Die Regelung der Kartelle und der wettbewerbsbeschränkenden Geschäftspraktiken in Frankreich, in: Wirtschaft und Wettbewerb 1972, S. 365—377 (376). Die Vagheit der französischen wirtschaftsrechtlichen Bestimmungen, die jede Art von Politik ermöglichen, ist ein allgemeines Charakteristikum des französischen Wirtschaftsrechts, siehe *Fromont*, S. 91.

[1] Commisariat Général du Plan, Préparation duVI^{e} Plan, Comité de la Concurrence, Rapport, S. 44 f.

[2] Siehe *de Narbonne / Vernimmen*, S. 1051 ff.; *Harrari:* Marketing bancaire, marketing financier, S. 13 ff.; *Veillas*, S. 15 ff.

nicht auf einen wirtschaftlichen Austausch reduziert werden könnten, sondern eine gewisse Beständigkeit und Vertrauensbasis erforderten. Für Bankgeschäfte sei allgemein eine gewisse Konzertierung notwendig[3].

1. Die Anwendbarkeit des Kartellrechts auf die Bankwirtschaft

Vom Wortlaut her ist das französische Kartellrecht ohne weiteres auf die Bankwirtschaft anwendbar. Die weitgefaßten Verbote des Artikels 50 der Preisverordnung vom 30. 6. 1945 erfassen alle Wirtschaftsgüter, Waren und Dienstleistungen[4]; damit fallen auch Bankleistungen in den Anwendungsbereich dieser Vorschrift.

Auch dem neuen Konzentrationsgesetz unterliegen vom Wortlaut her die Bankunternehmen.

Dem entspricht, daß in der französischen Literatur seit der teilweisen Aufhebung der Zinsreglementierungen in den Bankreformen 1966/67 darauf hingewiesen wird, daß das allgemeine Wettbewerbsrecht einer Zinskartellierung, wie sie vor dem zweiten Weltkrieg üblich war, entgegenstehe[5]. Ebenso mahnte der ehemalige Wirtschafts- und Finanzminister Giscard d'Estaing 1972, daß die konzertierte Ankündigung einer Zinserhöhung durch die Gesamtheit der eingeschriebenen Banken nicht mit dem aktuellen Wettbewerbsrecht vereinbar sei[6].

a) Die Bankwirtschaft als ein bis 1966/67 den Marktgesetzen entzogener Sektor

Bedenken gegenüber einer uneingeschränkten und undifferenzierten Anwendung des Wettbewerbsrechts auf die Bankwirtschaft entstehen jedoch, wenn man sich die vielfältigen staatlichen Vorschriften vor Augen hält, welche die Aufnahme und Ausübung des Bankenberufes regeln und die Tätigkeit der öffentlichen und halböffentlichen Kreditinstitute genau und umfassend bestimmen.

---

[3] *de Narbonne / Vernimmen*, S. 1053 f.

[4] Die Wettbewerbskommission stellte in ihrem Bericht von 1967 fest, daß alles, was einen „wirtschaftlichen Wert" besitzt, von den Verboten der Artikel 50 ff. erfaßt werde; Rapport 1967, S. 4.

[5] Siehe oben, 1. Teil unter IV. 1.

[6] Le Monde vom 9. 11. 1972, S. 36, unter dem Titel: M. Giscard d'Estaing déclare que la politique anti-inflationniste ne brisera pas l'expansion: *„l'annonce concerteée d'une hausse des taux d'intérêts par toutes les banques ensemble n'est plus conforme aux règles actuelles en vigeur en France, et il faudra dans l'avenir faire respecter le caractère concurrentiel de cette activité."*

Dieser Äußerung ist wohl die offizielle Version des *taux de base*-Systems zu verdanken.

Nach *Blaise*[7] ist das Wettbewerbsrecht nur in einem Wirtschaftsbereich anwendbar, der nach marktwirtschaftlichen Gesetzen funktioniert. Dies ergebe sich aus Sinn und Zweck der Wettbewerbsregeln, die *der Aufrechterhaltung und Wiederherstellung eines freien Wettbewerbs* dienen sollen[8]. Wirtschaftsbereiche, die aus unterschiedlichen Gründen nicht im Zeichen der Marktwirtschaft stehen, unterliegen danach a priori nicht dem Wettbewerbsrecht[9]. Ob ein Wirtschaftszweig den Marktgesetzen unterworfen ist, könne allerdings in Branchen, die häufigen staatlichen Interventionen oder Berufsreglementierungen ausgesetzt sind, oft nur schwer festgestellt werden[10].

Zusätzliche Schwierigkeiten bereitet das von *Blaise* für den Anwendungsbereich des Wettbewerbsrechts aufgestellte Kriterium der „Marktwirtschaft", wenn man die Wirtschaftsunternehmen der öffentlichen Hand betrachtet[11]. Denn diese Unternehmen arbeiten oft nicht nach marktwirtschaftlichen Gesichtspunkten, sondern zur Erfüllung anderer, z. B. allgemeiner wirtschafts- oder sozialpolitischer Aufgaben. Andererseits treten diese Unternehmen häufig in Wettbewerbsbeziehungen zu Privatunternehmen und sind unter vergleichbaren Bedingungen wie diese tätig.

Die Geltung des Wettbewerbsrechts hier davon abhängig zu machen, ob diese Unternehmen eine „öffentliche Aufgabe" erfüllen oder nicht, bildet kein befriedigendes Abgrenzungskriterium. Denn eine genaue Feststellung, wann eine „öffentliche Aufgabe" vorliegt, läßt sich kaum treffen[12]. Bei der Beurteilung der Tätigkeit der Banken wäre dies beispielsweise sehr streitig. Sie wird von der französischen Rechtsprechung noch heute oftmals als „service public" charakterisiert, wogegen sich die Banken jedoch teilweise heftig wehren[13].

Die Wettbewerbskommission mißt in ihren Gutachten dem Merkmal des „service public" keine besondere Bedeutung für die Anwendung des Wettbewerbsrechts zu.

---

[7] *Blaise:* Le statut juridique des ententes économiques dans le droit francais et le droit des Communautés Européennes, S. 67. Sein Werk ist die gründlichste Arbeit zum französischen Wettbewerbsrecht, inzwischen leider veraltet.

[8] Siehe oben, 2. Teil unter I. 3.

[9] *Blaise*, S. 74. So z. B. Elektrizität, Post, Stadtverkehr, die der Gesetzgeber als service public von vitalem Interesse anderen Gesetzen als denen der Marktwirtschaft unterworfen hat.

[10] *Blaise*, S. 90. Auf S. 53 fragt *Blaise*, ob bestimmte Wirtschaftsbereiche wie Banken und Versicherungen nicht „par nature" den Marktgesetzen entzogen sind.

[11] Vgl. *Blaise*, S. 94 ff.

[12] So auch *Blaise*, S. 95.

[13] Siehe *Gavalda / Stoufflet* (II), S. 60, 252 und 259; *Deschanel:* L'information du banquier sur la vie des entreprises et la distribution du crédit, in:

Blaise schlägt vor, die Anwendung des Wettbewerbsrechts davon abhängig zu machen, ob und inwieweit öffentliche Unternehmen und Unternehmen, die staatlichen Interventionen ausgesetzt sind, autonom ihre Geschäftstätigkeit bestimmen können; nur bei einem ausreichenden Grad an Unabhängigkeit von staatlicher Beeinflussung könnten Unternehmen überhaupt wettbewerblich tätig werden[14].

Dieses Kriterium ist nicht zufriedenstellend. Denn öffentliche oder starken Berufsreglementierungen unterworfene Unternehmen können durchaus mit privaten Unternehmen auf einem bestimmten Markt konkurrieren, selbst wenn ihnen die Geschäftsführung vom Staat bis ins einzelne vorgeschrieben wird. Dies wird gerade deutlich, wenn man die französische Bankwirtschaft nach 1967 näher betrachtet[15].

Auch die Wettbewerbskommission grenzt den Anwendungsbereich der Wettbewerbsregeln anders ein als *Blaise*. Sie stellt in ihren Gutachten nicht auf Unternehmensautonomie ab, sondern darauf, ob der Markt der in Frage stehenden Unternehmen völlig oder nur teilweise hoheitlich reglementiert ist. So führte sie in bisher zwei Gutachten aus, daß die Wettbewerbsregeln nicht anwendbar sind, wenn ein Wirtschaftsbereich durch staatliche Regelungen den Marktgesetzen vollständig entzogen ist, so daß eine Wettbewerbssituation gar nicht aufkommen kann. Die Wertungen der Artikel 50 ff. gingen dann ins Leere, und die Wettbewerbskommission sieht es nicht als ihre Aufgabe an, gesetzliche Regelungen oder darauf beruhende behördliche Vorschriften zu beurteilen[16]. Bestehen dagegen staatliche Vorschriften, die in einem Wirtschaftsbereich genaue und direkte Regelungen treffen, ohne ihn insgesamt den Marktgesetzen zu entziehen, so haben die Wettbewerbsregeln für diesen Wirtschaftssektor Geltung[17].

Wendet man diese Grundsätze auf die französische Bankwirtschaft an, so kommt man zu dem Ergebnis, daß bis zu den Bankreformen 1966/67 das Wettbewerbsrecht keine Anwendung auf sie finden konnte: Im Bereich der eingeschriebenen Banken und Finanzierungsinstitute bestand eine strenge statutenmäßige Arbeitsteiligkeit; daneben existierte der Bereich der öffentlichen und halböffentlichen Kreditinstitute mit eigenen, ebenfalls genau umgrenzten Aufgabenbereichen. Die eingeschriebenen Banken und Finanzierungsinstitute unterlagen einer Bedürfnis-

---

Banque, Sept. 1977, S. 972—978 (973), jeweils mit Nachweisen aus der Rechtsprechung.

[14] *Blaise*, S. 97; so auch *Hertz*, S. 78 ff.

[15] Siehe oben 1. Teil unter I. 4. (Statistik).

[16] Wettbewerbskommission, Rapport 1954—1959, S. 17, 20 „affréteurs de charbon"; Rapport 1973, S. 2603 „vins de champagne"; *de Roux / Voillemot / Vassogne*, S. 61 f.

[17] Siehe Wettbewerbskommission, Rapport 1973, S. 2603.

prüfung sowohl bei ihrer Neugründung als auch bei der Neueröffnung von Zweigstellen, und bei allen Kreditinstituten waren die Soll- und die Habenzinsen staatlich fixiert.

Diese rigorose Reglementierung unterband jeden Wettbewerb nicht nur zwischen den einzelnen Banksektoren, sondern auch innerhalb des Bereiches der eingeschriebenen Banken und seiner verschiedenen Banktypen[18].

Da zusätzlich die dauernde inflationäre Entwicklung in Frankreich mittlere Wachstumsraten von 13 % und darüber für Einlagen und Kredite mit sich brachte, lebte die Bankwirtschaft mit einer hoheitlich abgesicherten Gewinnrate und kannte wenig Probleme[19]. Sie wurde traditionell als ein Element und Instrument staatlicher Politik begriffen und deutlich von anderen Bereichen des Handels und der Wirtschaft unterschieden, die im Prinzip den Regeln eines freien Wettbewerbs unterworfen waren. Insbesondere die Kreditverteilung sah man als eine öffentliche Aufgabe an, die sich nach den Zielsetzungen der Wirtschaftsplanung ausrichten mußte und daher in keiner Weise den Zufälligkeiten eines wettbewerblichen Systems unterworfen sein durfte[20].

Insgesamt hatte die französische Bankengesetzgebung ein kartelliertes Bankensystem geschaffen, in dem die Bankenaufsicht für die Einhaltung der Kartelldisziplin sorgte[21]. Bis zum Einsetzen der Bankreform war somit Wettbewerb durch dirigistische staatliche Vorschriften für alle wesentlichen Geschäftselemente ausgeschaltet und die Bankwirtschaft als ganze den Marktgesetzen entzogen[22]. Das Wettbewerbsrecht hatte deshalb hier keine Geltung.

b) Die Einführung des Wettbewerbsprinzips durch die Bankreformen

In den Bankreformen 1966/67 wurden für den Bereich der eingeschriebenen Banken und Finanzierungsinstitute die Verzinsung der Sollkonditionen und eines Teiles der Habenkonditionen freigegeben, die Statuten der Depositen- und Beteiligungsbanken einander angeglichen und das Genehmigungsverfahren für die Zweigstellengründung liberalisiert. Durch diese Maßnahmen sollte das Wettbewerbsprinzip in die Bankwirtschaft eingeführt werden[23].

[18] Siehe oben 1. Teil Kapitel II. 2. c), II. 3. a), II. 4. a) und unter III. 1.

[19] Siehe *Denizet*, S. 456; Ministère de l'Economique et des Finances, Services de l'information, Note Documentaire vom 18. 2. 1969: L'évolution en 1968 des conditions de banque.

[20] *de Narbonne / Vernimmen*, S. 1052.

[21] *Widmer:* Die Entwicklung des französischen Handelsbankwesens nach dem zweiten Weltkrieg, S. 166; *Bouvier:* Un siècle de banque francaise, S. 95; *Denizet*, S. 456.

[22] Vgl. *Marcille*, S. 759

Die eingeschriebenen Banken und Finanzierungsinstitute sind somit seit den Bankreformen nicht mehr völlig den Marktmechanismen entzogen, sondern haben die Möglichkeit zu wettbewerblichem Verhalten. Das französische Wettbewerbsrecht ist deshalb seit 1966/67 auf diesen Banksektor anwendbar[24].

Die Zielsetzungen des französischen Wettbewerbsrechts stimmen im übrigen auch überein mit den durch die Einführung von Wettbewerb in die Bankwirtschaft verfolgten Absichten: Umstrukturierungen sollten gefördert werden und eine effizientere und kostengünstigere Arbeitsweise herbeigeführt werden. Hierbei erfüllt Wettbewerb nach französischer Auffassung die ihm zugeschriebenen Funktionen am besten in Wirtschaftsbereichen, die sich im Wachstum befinden[25]. Auch dies trifft für die Bankwirtschaft zu, da es sich um eine Wirtschaftsbranche mit einer andauernden und dazu überdurchschnittlichen Wachstumsrate handelt[26].

Fraglich ist die Anwendbarkeit des Wettbewerbsrechts im Bereich der öffentlichen und halböffentlichen Kreditinstitute: einerseits hatte der Staat für sie aus wirtschafts- und sozialpolitischen Gründen Spezialgesetze geschaffen, um sie außerhalb der Marktgesetze zu stellen[27], andererseits haben sich einige Organisationen — so insbesondere der Crédit Agricole und in wachsendem Maße auch die Sparkassen — in ihrer Tätigkeit derart dem wettbewerblichen Banksektor angenähert, daß eine wettbewerbsrechtliche Ungleichbehandlung willkürlich erscheint.

Entsprechend den von der Wettbewerbskommission entwickelten Kriterien muß geprüft werden, ob der Markt dieser Institute völlig unter staatlicher Verwaltung steht, so daß Wettbewerb gar nicht möglich ist, oder ob zwar staatliche Regelungen bestehen, die diesen Wirtschaftsbereich aber nicht vollständig den Marktgesetzen entziehen.

Ausgangspunkt für die Frage der Anwendbarkeit des Wettbewerbsrechts bilden somit die einzelnen Märkte für Bankdienstleistungen. Diese sind seit den Bankreformen und mit zunehmender Despezialisierung auch des öffentlichen und halböffentlichen Kreditsektors[28] nicht mehr einzelnen privaten oder öffentlichen Institutsgruppen ausschließ-

---

[23] Vgl. *Fournier* (III), S. 827. Zu den einzelnen Maßnahmen oben 1. Teil, Kapitel II. 3. b), II. 4. b) und unter III. 1. a) und b).

[24] Auch der französische Bankenverband teilt diese Auffassung.

[25] *de Norbonne / Vernimmen*, S. 1051 f.

[26] Dazu *Lab*: Quelques indicateurs de l'évolution en volume de l'activité bancaire, in: Banque, Sept. 1977, S. 910, mit Zahlenangaben zum Wachstum des Zahlungsverkehrs-, Spar- und Kreditaufkommens von 1970 bis 1975.

[27] Siehe oben 1. Teil unter I. 3.

[28] Siehe oben 1. Teil unter I. 4. und II. 3. b) am Ende.

lich vorbehalten, sondern größtenteils sowohl den eingeschriebenen Banken und Finanzierungsinstituten als auch dem öffentlichen und halböffentlichen Kreditsektor gemeinsam zugänglich. Hierbei existieren innerhalb der einzelnen Bankmärkte „freie" Zonen, die von den eingeschriebenen Banken und Finanzierungsinstituten gebildet werden und in denen die Konditionen staatlich nicht festgelegt sind, neben den „reglementierten" Zonen der öffentlichen und halböffentlichen Institute, in denen der Staat die Konditionen vorschreibt. Zwischen diesen beiden Zonen ist Wettbewerb möglich: Marktteilnehmer sind auf der einen Seite die eingeschriebenen Banken und Finanzierungsinstitute, auf der anderen Seite die jeweiligen öffentlichen und halböffentlichen Institutsgruppen bzw. letztlich oft der französische Staat[29].

So stehen denn auch die wichtigsten Organisationen des öffentlichen und halböffentlichen Kreditsektors mit den eingeschriebenen Banken und Finanzierungsinstituten im Wettbewerb. Dies betrifft sowohl den Markt für Sicht- und Sparguthaben einschließlich dazugehöriger Serviceleistungen (wie Scheckheft, Dauerüberweisungen etc.) als auch den Markt für kurzfristige, mittelfristige und langfristige Kredite. Deutlich wird dies, wenn man sich die jeweiligen Marktanteile der einzelnen Institutsgruppen und deren Veränderungen vor Augen hält[30].

Allerdings ist die Verzinsung von Sichtguthaben generell verboten; ebenso sind die Zinsen von Einlagen bis zu 200 000,— Frs. oder einer Laufzeit bis zu zwei Jahren allgemein staatlich fixiert. Die Wettbewerbsmöglichkeiten auf diesen Märkten sind von daher auf Zusatzleistungen beschränkt[31].

Daneben ist eine Ausweitung „freier" Zonen auf den Bereich der öffentlichen und halböffentlichen Institute zu verzeichnen. So ist die Verzinsung von Guthaben mit einer Summe von über 200 000,— Frs. oder einer Laufzeit von über zwei Jahren seit 1976 beim Crédit Agricole freigegeben[32].

Die Märkte für Bankdienstleistungen, an denen die öffentlichen und halböffentlichen Institute mit teilhaben, sind somit seit den Bankreformen nicht mehr völlig den Marktgesetzen entzogen, sondern ermöglichen Wettbewerb auch für die öffentlichen und halböffentlichen Institute.

---

[29] Bezeichnenderweise wird in Frankreich der Staat oft die „erste Bank der Nation" genannt, siehe *Gavalda / Stoufflet* (II), S. 56.

[30] Siehe oben 1. Teil unter I. 4. (Statistik).

[31] Bezeichnend hierzu der Streit um die Scheckhefte der Sparkassen, oben 1. Teil unter I. 4. FN 34).

[32] Siehe oben 1. Teil unter III. 1. a) am Ende.

Das Wettbewerbsrecht ist deshalb auf die gesamte Bankwirtschaft einschließlich ihres öffentlichen und halböffentlichen Sektors anwendbar. Ausgenommen sind vielleicht einige stark spezialisierte Institute, wie Fonds de Développement économique et social, Caisse des Dépôts et Consignation, Caisse Nationale des Marchés de l'Etat und Banque Francaise du Commerce Extérieur[33], die auf Grund ihrer gesetzlichen Sonderstellung und ihren eng umschriebenen Aufgabenbereichen faktisch überhaupt keinem Wettbewerb ausgesetzt sind.

c) *Wettbewerbsregelnde Spezialvorschriften in den Bankgesetzen*

Einer uneingeschränkten Anwendbarkeit des Wettbewerbsrechts auf die Bankwirtschaft könnte noch entgegenstehen, daß in den Bankgesetzen Spezialvorschriften zum Bankenwettbewerb und zur Bankenkonzentration vorhanden sind.

So ermächtigt Artikel 33 des Gesetzes vom 13. 6. 1941 den Nationalen Kreditrat, den Wettbewerb in der Bankwirtschaft durch Entscheidungen allgemeiner Art zu regeln. Er kann nach Artikel 34 dieses Gesetzes Banken zwangsfusionieren und nimmt nach Artikel 13 des Gesetzes vom 2. 12. 1945 an der Ausarbeitung aller Projekte teil, welche auf eine Bankenkonzentration hinzielen.

Die Bankenaufsicht ist somit gesetzlich ausdrücklich[34] ermächtigt, Maßnahmen zu treffen, die in den Anwendungsbereich der Artikel 50 ff. der Preisverordnung und auch des Konzentrationsgesetzes fallen und mit deren Zielsetzungen unter Umständen kollidieren.

Aus der Systematik der Artikel 50 ff. der Preisverordnung läßt sich jedoch erkennen, daß damit keine ausschließliche Zuständigkeit der Bankenaufsicht für wettbewerbliche Fragen geschaffen worden ist: nach Artikel 51 Ziffer 1 sind auf staatlichen Vorschriften beruhende Wettbewerbsbeschränkungen vom Kartellverbot des Artikels 50 der Preisverordnung ausgenommen[35]. Dies impliziert, daß sie zunächst vom Kartellrecht erfaßt werden können; sonst wäre die Ausnahmeregelung ohne Sinn.

Dem entspricht, daß die Wettbewerbskommission seit Beginn ihrer Tätigkeit daran festgehalten hat, auch staatlich gelenkte oder beeinflußte Märkte auf private Wettbewerbsbeschränkungen hin zu unter-

---

[33] Siehe oben 1. Teil unter I. 4.

[34] Andere Bestimmungen in den Bankgesetzen haben ebenfalls wettbewerbsregelnden Charakter, z. B. Artikel 10 und 11 des Gesetzes vom 13. 6. 1941, Artikel 5 des Gesetzes vom 17. 5. 1946, ohne daß dies im Text ausdrücklich genannt ist; sie sollen hier nicht weiter berücksichtigt werden; siehe dazu oben 1. Teil, Kapitel II. 2. c) und II. 5.

[35] Siehe oben 2. Teil, Kapitel I. 3. b).

suchen; sie hat nur dann ihre Kompetenz verneint, wenn der betreffende Wirtschaftsbereich durch staatliche Regelungen völlig dem Marktmechanismus entzogen war[36].

Zudem liegt es im Ermessen des Nationalen Kreditrates, ob er von den Ermächtigungen zur Regelung des Bankenwettbewerbs und der Bankenkonzentration Gebrauch macht. Soweit er dies nicht tut, gibt er zu erkennen, daß er das Ordnungsprinzip Wettbewerb hoheitlichen Marktregulierungen vorzieht; die Anwendbarkeit des Wettbewerbsrechts und die Kompetenz der Wettbewerbskommission zum Einschreiten gegenüber dann einsetzenden privaten Kartellierungsmaßnahmen ist damit automatisch gegeben.

Die aufgezeigten Befugnisse des Nationalen Kreditrates machen allerdings die Grenzen deutlich, innerhalb deren die Wettbewerbskommission im Bankenbereich überhaupt tätig werden kann.

Es darf auch nicht übersehen werden, daß die meisten der seit den Bankreformen getroffenen wettbewerbsstimulierenden Maßnahmen auf Entscheidungen der Bankaufsicht beruhen, die jederzeit wieder rückgängig gemacht werden können, denn nur die Angleichung der Depositen- und Beteiligungsbankstatuten erfolgte gesetzlich; alle anderen Maßnahmen ergingen als Entscheidungen allgemeiner Art des Nationalen Kreditrates gemäß Artikel 33 des Gesetzes vom 13. 6. 1941. Zwar ist derzeit eine Orientierung der französischen Wirtschaftspolitik zu eher marktwirtschaftlichen Prinzipien erkennbar[37]; eine Umkehr zu dirigistischen Maßnahmen im Bankenbereich ist aber ohne große gesetzestechnische Schwierigkeiten möglich, da die gesetzlichen Grundlagen, die eine völlige Ausschaltung von Wettbewerb in der Bankwirtschaft ermöglichen, beibehalten worden sind[38] [39].

2. Die Beurteilung der staatlich bedingten Wettbewerbsbeschränkungen

Im ersten Teil der Arbeit wurde auf die Fülle gesetzlicher, aufsichtsrechtlich und währungspolitisch bedingter Wettbewerbsbeschränkungen im Bereich der eingeschriebenen Banken und Finanzierungsinstitute

---

[36] Siehe oben 2. Teil unter II. 1. a) und Commissariat Général du Plan, Préparation du VIe Plan, Comité de la Concurrence, Rapport, S. 46.

[37] Das neue Konzentrationsgesetz ist dafür ein Beispiel.

[38] Diese Änderungsmöglichkeiten der französischen Wirtschaftspolitik ohne Veränderung der zugrundeliegenden Gesetze ist typisch für das französische Wirtschaftsrecht, siehe *Fromont*, S. 92.

[39] Die Beseitigung von Wettbewerb als Ordnungsprinzip in der Bankwirtschaft ist auch nicht völlig unwahrscheinlich; bei den Parlamentswahlen im März 1978 war sie Teil des programme commun der französischen Linksparteien, das unter anderem die strikte Instrumentalisierung der Bankwirtschaft vorsah; siehe auch oben 1. Teil unter I. 1. b).

hingewiesen. Hierzu gehören insbesondere: die Mindestkapitalanforderungen, die Bedürfnisprüfung, die Zinsreglementierungen, Sonderregelungen für bestimmte Kreditarten und die Kreditplafondierungen.

a) Keine Anwendung des Artikels 50 auf hoheitliche Berufsreglementierungen

Wie bereits ausgeführt, haben diese Regelungen wettbewerbshindernde oder -verfälschende Wirkungen zur Folge[40]. Dennoch findet Artikel 50 der Preisverordnung keine Anwendung, da es sich nicht um ein einverständliches Zusammenwirken (action concertée) von Unternehmen am Markt handelt[41], sondern um staatliche Berufsreglementierungen, die den Banken ein bestimmtes Verhalten vorschreiben.

Dasselbe gilt für die Reglementierungen des öffentlichen und halböffentlichen Kreditsektors.

Da es die Wettbewerbskommission nicht als ihre Aufgabe ansieht, über staatliche Vorschriften und darauf beruhende behördliche Praktiken ein Urteil abzugeben[42], entzieht sich dieser ganze Bereich wettbewerbsbeschränkender hoheitlicher Berufsregelungen ihrer Gutachtertätigkeit.

Eine Änderung brachte insoweit das neue Konzentrationsgesetz. Nach Artikel 1 Absatz II dieses Gesetzes und Artikel 8 der Anwendungsverordnung kann die Wettbewerbskommission von der Regierung zu allen wettbewerblichen Fragen angehört werden. Inwieweit sie aufgrund dieser Artikel in Zukunft auch zu wettbewerbshindernden gesetzlichen Vorschriften und darauf beruhenden wettbewerbshindernden Praktiken Gutachten abgeben wird, bleibt abzuwarten[43].

b) Die Anwendung der Ausnahmeregelung des Artikels 51 Ziffer 1 auf die Habenzinsregelungen

Gesondert müssen die vom Nationalen Kreditrat festgelegten Höchstzinssätze für Einlagen beurteilt werden. Da die Banken rechtlich nicht verpflichtet sind, diese Höchstzinssätze einzuhalten, sondern theoretisch

---

[40] Siehe oben 1. Teil unter II. 2. b), II. 2. c) und III.

[41] Siehe oben 2. Teil, Kapitel I. 3. a) und *de Roux / Voillemot / Vassogne*, S. 69 ff. zum Begriff der entente.

[42] Siehe oben 2. Teil unter II. 1. a).

[43] Immerhin ist diese Möglichkeit in Artikel 8 Ziffer 3 der Verordnung (Nr. 77-1189 vom 25. 10. 1977) ausdrücklich genannt. Die Hoffnung, bei allen Gesetzesvorschriften, die eine wettbewerbsbeschränkende Wirkung haben können, obligatorisch in beratender Funktion herangezogen zu werden, hat sich dagegen nicht erfüllt, siehe Commissariat Général du Plan, Préparation du VIe Plan, Comité de la Concurrence, S. 45 f.

die Möglichkeit haben, diese Sätze zu unterschreiten, bildet ihre genaue Befolgung durch die Gesamtheit der Banken eine „gemeinschaftliche Maßnahme, die geeignet ist, die freie Ausübung des Wettbewerbs zu beeinträchtigen" (Artikel 50). So hat die Kartellkommission in Fällen gesetzlicher Höchspreisregelungen für bestimmte Produkte die Anwendung des Artikels 50 bejaht, wenn die diesen Höchstpreisbestimmungen unterliegenden Unternehmen den gerade noch zulässigen Preis als Grundlage eines Preiskartells nahmen. Trotz des „offiziösen" Charakters solcher Preisabsprachen hat die Wettbewerbskommission hier auch nicht die Voraussetzungen des Artikels 51 Ziffer 1 als gegeben angesehen[44].

Von der Bankaufsicht für Einlagen vorgeschriebene Höchstzinssätze sind jedoch nicht mit staatlich verordneten Höchstpreisregelungen vergleichbar. Höchstzinssätze haben vielmehr im Ergebnis die gleiche Wirkung wie Festsätze; denn gerade bei einem wettbewerblichen Verhalten sind die Banken gehalten, die Höchstzinssätze jeweils genau zu befolgen, um nicht Einlagekunden zu verlieren. Die Fixierung der Zinssätze an den zulässigen Höchstgrenzen wird zudem durch die restriktive Geldpolitik der Zentralbank und die große Markttransparenz bei den Einlagezinsen noch unterstützt. Höchstzinssätze im Einlagenbereich haben deshalb zwangsläufig eine kartellartige Wirkung[45].

Das abgestimmte Verhalten der Banken ist somit hier die direkte und unausweichliche Folge einer behördlichen Regelung[46]; es ist durch die Ausnahmeregel des Artikels 51 Ziffer 1 gerechtfertigt.

3. Die Beurteilung der privaten Wettbewerbsbeschränkungen

An privaten Wettbewerbsbeschränkungen wurden im ersten Teil der Arbeit Absprachen im Bereich der Soll- und Habenzinsen festgestellt, die geplanten vereinheitlichten Kontoführungsgebühren, Konsortien und internationale Kooperationsabkommen.

Die Konditionenlisten des französischen Bankenverbandes bilden hierbei die für den Kunden einschneidendsten Wettbewerbsbeschränkungen, da sie praktisch jeden Preiswettbewerb in der Bankwirtschaft verhindern. Über ihr Zustandekommen und ihren Anwendungsbereich existieren — gerade auf Grund ihrer Üblichkeit — relativ viele und nachprüfbare Informationen. Sie sollen deshalb im Folgenden beispielhaft auf

---

[44] Wettbewerbskommission, Rapport 1963—1966, S. 14 f., und *Hoffmann*, S. 63 ff. mit einem weiteren Fall.

[45] Siehe *Immenga* (I): Wettbewerbsbeschränkungen auf staatlich gelenkten Märkten, S. 145.

[46] Vgl. Wettbewerbskommission, Rapport 1963—1966, S. 4 f., Rapport 1973, S. 2603; *de Roux / Voillemot / Vassogne*, S. 107.

ihre wettbewerbsrechtliche Zulässigkeit hin geprüft werden. Hierbei soll versucht werden, die Stellungnahmen der Wettbewerbskommission zu vergleichbaren oder doch ähnlichen Sachverhalten herauszuarbeiten, um die Vereinbarkeit oder Unvereinbarkeit dieser privaten Kartellierungsmaßnahmen mit dem französischen Wettbewerbsrecht zu klären.

a) Der indikative oder imperative Charakter der Konditionenlisten

Die Gutachten der Wettbewerbskommission unterscheiden zunächst zwischen indikativem und imperativem Charakter von Preislisten.

Dienen Preislisten *(tarifs* oder *barèmes)* nach Absicht und Ziel ihrer Urheber nur als Referenz, zur Auskunft oder als Kalkulationshilfe, so fallen sie nicht unter das Verbot des Artikels 50. Handelt es sich dagegen um Empfehlungen, werden Unternehmen durch Preislisten aufgefordert, sich beeinflussen zu lassen, oder tragen diese sonstwie einen normativen Charakter, so greift das Kartellverbot ein[47].

Hinsichtlich der Konditionenlisten des französischen Bankenverbandes gehen hierzu die Meinungen auseinander. Während Bankpraktiker den Charakter dieser Listen ohne weiteres als Empfehlungen, sogar als Verpflichtungen beschreiben, sieht der Bankenverband die Listen als rein „informativ" an[48]. Dem widerspricht bereits der Text der Rundschreiben, wonach die Banken eine Zinssatzänderung *vereinbaren*[49]. Zudem geben diese Listen nicht nur die zu einem gewissen Zeitpunkt tatsächlich praktizierten Tarife wieder, sondern enthalten auch diejenigen Preise, die von den Banken erst in Zukunft angewandt werden sollen[50]. Auch dies spricht für den normativen Charakter der Listen[51].

b) Die tatsächliche Handhabung der Konditionenlisten

Bei der Beurteilung des indikativen oder imperativen Charakters von Preislisten zieht die Wettbewerbskommission ein zweites Kriterium her-

[47] Wettbewerbskommission, Rapport 1967, S. 3, ausführlich zu dieser Unterscheidung.

[48] Persönliche Auskünfte. Nach einer Auskunft bei der Zentralbank wacht sogar diese über die Einhaltung der Preislisten.

[49] Vgl. den Text eines solchen Rundschreibens: „Reunion de la commission technique du 15. 12. 1975. Dans le cadre de la politique de relance, les banques *ont convenu* d'une réduction de 0,20 % du taux de base bancaire, qui est ramené ainsi de 8,80 % à 8,60 % pour toutes les formes de crédit (y compris le papier ONIC et le refinancement de ventes à crédit mais à l'exception des crédits immobiliers aux particuliers).

Cette diminution est applicable à toutes les catégories d'escompte à compter du 17 décembre prochain et aux comptes à partir du 1er janvier 1976."

[50] Siehe den obigen Text, 2. Absatz.

[51] So die Wettbewerbskommission, Rapport 1976, S. 982.

an, nämlich das Verhalten der Unternehmen, für die diese Preislisten bestimmt sind. Diese Ergänzung des ersten Kriteriums erlaubt es, „die immer schwierige Feststellung von Absichten durch das weniger angreifbare Abstellen auf die Ergebnisse zu bestätigen“[52]. Die Wertung der Wettbewerbskommission fällt also verschieden aus, je nachdem, ob eine Preisliste weitgehend befolgt wird oder nicht[53].

Zu dieser Frage äußern sich die Banken nicht gern. Im ersten Teil der Arbeit wurde jedoch bereits festgehalten, daß die Konditionenlisten von den Banken durchweg angewandt werden[54]. Dies zeigen auch die offiziellen Beschreibungen des *taux de base*-Systems: danach dient der Basiszins den Banken als Grundlage für die Berechnung aller übrigen Banktarife[55], und nach der Ankündigung einer Basiszinsveränderung folgt „die Mehrzahl“ der Banken dieser Bewegung[56], oder „alle Banken“ gleichen sich der angekündigten Zinsveränderung an[57].

Ausnahmen bilden das erwähnte *bilandressing* und die Verschiebungsmöglichkeiten in den Umsatzkategorien bei den Sollzinssätzen[58]. Diese letztere Möglichkeit einer etwas flexiblen Handhabung der Konditionenlisten könnte man als eine Art Rabattgewährung für erstklassige Bankkunden ansehen. Eine Wiederherstellung des Preiswettbewerbs wird dadurch jedoch nicht erreicht: nach den Gutachten der Wettbewerbskommission zu Kundenrabatten bei Preislisten stärkt allein die Tatsache, daß ein Preis als Listenpreis vorgestellt wird, die Position des Anbieters. Nur ein sehr geringer Teil der Kundschaft wird überhaupt in der Lage sein, über eventuell mögliche günstigere Konditionen zu verhandeln; in der Regel wird dem Kunden einfach der Listentarif auferlegt[59].

Auch die Möglichkeit von „Rabatten“ bei den Konditionenlisten der Banken ändert somit nichts an ihrem normativen Charakter und ihrer wettbewerbsrechtlichen Unzulässigkeit.

---

[52] Wettbewerbskommission, Rapport 1967, S. 3; *de Roux / Voillemot / Vassogne*, S. 72. Noch globaler Wettbewerbskommission, Rapport 1976, S. 981, wonach bei einem parallelen Preisverhalten eine Kartellvermutung besteht.

[53] Im Ansatz so bereits Wettbewerbskommission, Rapport 1960—1962, S. 5; Rapport 1967, S. 3; eine weitere Differenzierung dieser Unterscheidung in Rapport 1972, S. 25 f.

[54] Siehe oben 1. Teil unter IV. 1.

[55] Siehe Conseil National du Crédit, Rapport 1974, S. 41: der Basiszins gilt als Referenz für die Gesamtheit der Sollzinsen; S. 192: er wird auch als Leitsatz für die freien Einlagezinsen benutzt.

[56] So regelmäßig in der vom französischen Bankenverband herausgegebenen Zeitschrift Banque unter der Rubrik *chronique de technique bancaire*.

[57] So z. B. *Fournier* (II), S. 828.

[58] Siehe oben 1. Teil unter IV. 1.

[59] Wettbewerbskommission, Rapport 1973, S. 2604; zu Rabatten auch noch Rapport 1974, S. 1207, J. O. Doc. Ad. vom 5. 6. 1976.

c) *Die Konditionenlisten als staatlich gebilligte Wettbewerbsbeschränkungen*

Im ersten Teil der Arbeit wurde bei der Beschreibung des *taux de base*-Systems darauf hingewiesen, daß die Konditionenlisten nicht völlig privat, sondern im Einvernehmen mit den staatlichen Aufsichtsbehörden ausgearbeitet werden; hierbei initiiert oft der Wirtschafts- und Finanzminister die Zinsveränderungen, oder diese erfolgen zumindest nicht ohne seine Zustimmung[60].

Zudem ist der französische Bankenverband, in dessen Commission technique die Rundschreiben erstellt werden, nicht nur eine Berufsvertretung der Banken, sondern auch Organ staatlicher Bankenaufsicht; er wacht nach den Artikeln 24 ff. des Gesetzes vom 13. 6. 1941 über die Anwendung der Beschlüsse des Nationalen Kreditrates und der Bankenkontrollkommission und übt die ihm von dieser übertragenen disziplinarischen Befugnisse aus[61].

Die Ausarbeitung der Konditionenlisten erfolgt somit durch eine halböffentliche Institution, und ihr Zustandekommen und Inhalt wird von den Aufsichtsbehörden, dem Wirtschafts- und Finanzministerium, letztlich gebilligt.

Diese Situation ist dem in Artikel 51 Ziffer 1 geregelten Sachverhalt sehr ähnlich, wonach Wettbewerbsbeschränkungen gerechtfertigt sind, wenn sie Folge gesetzlicher oder behördlicher Regelungen sind. Auch könnte Artikel 51 Ziffer 1 so interpretiert werden, daß er bereits dann eingreift, wenn eine Wettbewerbsbeschränkung dem Sinn und Zweck einer staatlichen Anordnung oder Willensäußerung entspricht[62]. Die Wettbewerbskommission geht jedoch davon aus, daß eine private Wettbewerbsbeschränkung nicht dadurch gerechtfertigt ist, daß sie von staatlichen Stellen toleriert oder sogar angeregt und unterstützt wird; vielmehr verlangt sie, daß die Wettbewerbsbeschränkung die „unausweichliche Folge" einer hoheitlichen Regelung sein muß[63]. Diese Ansicht wird von der Systematik der Artikel 50 gestützt, wonach grundsätzlich alle Kartellierungen verboten sind und die Ausnahmen von diesem Verbot deshalb eng interpretiert werden müssen[64].

---

60 Siehe oben 1. Teil unter IV. 1.

61 Siehe *Schuster:* Zentralbankpolitik und Bankenaufsicht in den EWG-Staaten, S. 81; *Weber:* Die Bankenaufsicht in der EWG, S. 32 f.; *Marcille,* S. 757 ff.

62 Diese Interpretation wurde z. B. im Fall Fédération Nationale des Cinémas Français gegen ORTF erwogen, siehe Juris Classeur Périodique 1967, II, Nr. 15157.

63 Siehe oben 2. Teil unter I. 3. b).

64 Siehe Juris Classeur Périodique 1967, II, Nr. 15157.

Allerdings kann die Tatsache der staatlichen Billigung als „mildernder Umstand“ zumindest bei den Verfahrensempfehlungen der Wettbewerbskommission eine Rolle spielen oder als positiver Umstand in den *bilan économique* des Artikels 51 Ziffer 2 eingehen[65].

d) *Freie und reglementierte Marktzonen*

Bei der Frage der Anwendbarkeit des Wettbewerbsrechts wurde bereits festgestellt, daß in der französischen Bankwirtschaft „reglementierte“ Marktzonen mit „freien“ Marktzonen koexistieren[66]. Dieser Sachverhalt ist in Frankreich auf Grund der häufigen staatlichen Preisreglementierungen oft anzutreffen[67].

Die Wettbewerbskommission erkennt an, daß sich in Wirtschaftsbereichen, die sich in der Verlängerung oder an den Grenzen von Zonen befinden, die wettbewerbsbeschränkenden Reglementierungen unterworfen sind, ein freier Wettbewerb oft nur sehr schwer entwickelt oder aufrechterhalten läßt. Ein „Ansteckungsphänomen“ taucht hier auf und wirkt sich oft sehr zum Nachteil dessen aus, „was vom Wettbewerb übrig bleiben sollte“[68].

Weiter stellte die Wettbewerbskommission fest, daß sich ein freier Wettbewerb schlecht in einem Wirtschaftssektor behauptet, der während langer Jahre einer wettbewerbsausschließenden Preisregelung ausgesetzt war[69]. Auch diese Sachlage trifft auf die Bankwirtschaft zu.

Die Wettbewerbskommission meint jedoch, daß bei dem Nebeneinander reglementierter und freier Marktzonen die Existenz von ersteren nicht rechtfertige, Wettbewerbsbeschränkungen von privat auf letztere zu erstrecken[70]. An anderer Stelle führt sie aus, daß staatlich bedingte Wettbewerbsbeschränkungen keine komplementären privaten Wettbewerbsbeschränkungen rechtfertigen. Denn hoheitliche Marktregelungen würden vom Staat geschaffen, um den besonderen Umständen eines Wirtschaftsbereiches gerecht zu werden, wobei allein diesem die Entscheidung über solche Regelungen zukomme. Die von privat vorgenommenen „Ergänzungen“ staatlicher Berufsreglementierungen seien daher im Grundsatz nicht zulässig[71].

---

[65] Siehe oben 2. Teil, Kapitel I. 3. c) und *de Roux / Voillemot / Vassogne*, S. 108.

[66] Siehe oben 2. Teil unter II. 1. b).

[67] Siehe *Fromont*, S. 48 ff. Daneben sind teilweise völlige Preisstops üblich, die für eine gewisse Zeit überhaupt keine „freien“ Marktzonen mehr lassen, so z. B. für drei Monate Ende 1976 auf Grund des *Plan Barre* vom 22. 9. 1976.

[68] Wettbewerbskommission, Rapport 1974, S. 1208.

[69] Ebenda.

[70] Wettbewerbskommission, Rapport 1973, S. 2605.

Eine andere Beurteilung kommt nach der Wettbewerbskommission in Betracht, wenn die private Wettbewerbsbeschränkung innerhalb des in Frage stehenden Berufszweiges „in nützlicher Weise eine wirtschaftlich gesunde Reglementierung ergänzen würde“[72]. Die Kommission merkt hierzu allerdings selbst an, daß es schwierig sei, zu entscheiden, wann ein Kartell eine „nützliche Ergänzung“ einer staatlichen Regelung darstelle, und ob diese Regelung „wirtschaftlich gesund“ sei[73].

Insgesamt sprechen die Argumentationsbeispiele aus den Gutachten der Wettbewerbskommission für die Unvereinbarkeit der Konditionenlisten mit dem Verbot des Artikels 50.

Jedoch ermöglichen die Stellungnahmen der Wettbewerbskommission noch keine abschließende kartellrechtliche Beurteilung. Zum einen machen bereits die vorgehenden Äußerungen der Kommission ausschnittsweise deutlich, wie flexibel der kartellrechtliche Text im Einzelfall gehandhabt werden kann. Zum andern kann die Wettbewerbskommission, auch wenn sie die Konditionenlisten und andere wettbewerbsbeschränkende Maßnahmen der eingeschriebenen Banken und Finanzierungsinstitute als unvereinbar mit dem Kartellverbot des Artikels 50 ansehen würde, nach Artikel 51 Ziffer 2 in ihrem *bilan économique*[74] immer noch zu der Feststellung gelangen, daß die Besonderheiten der Bankwirtschaft diese Wettbewerbsbeschränkungen rechtfertigen bzw. daß deren Nachteile von gesamtwirtschaftlichen Vorteilen aufgewogen werden. Hierfür könnte z. B. ausschlaggebend sein, daß die staatliche Einflußnahme auf die Konditionenlisten — insbesondere in Zeiten von Kreditplafondierungen — preisdämpfend wirkt[75] oder der Durchsetzung wirtschafts- und währungspolitischer Ziele dient. Andere Gesichtspunkte sind aber durchaus denkbar[76].

Die Vagheit der kartellrechtlichen Befreiungstatbestände macht so eine Prognose über die Zulässigkeit oder Unzulässigkeit privater wettbewerbsbeschränkender Maßnahmen in Wirtschaftsbereichen mit starker staatlicher Einflußnahme — wie bei den Banken — praktisch unmöglich.

---

[71] Wettbewerbskommission, Rapport 1958/59, S. 46; ebenso in Rapport 1976, S. 984.

[72] Wettbewerbskommission, Rapport 1958/59, S. 46.

[73] Ebenda.

[74] Siehe oben 2. Teil, Kapitel I. 3. c).

[75] Siehe oben 1. Teil unter III. 1. b). Diesem Gesichtspunkt kommt in den Gutachten der Wettbewerbskommission relativ große Bedeutung zu, da vor allem die reale Beteiligung des Verbrauchers an den positiven Wirkungen eines Kartells rechtfertigend wirkt, siehe *de Roux / Voillemot / Vassogne*, S. 111.

[76] Siehe oben 2. Teil unter I. 3. c), insbesondere FN 45).

Das an Zweckmäßigkeitsgesichtspunkten ausgerichtete Kartellverfahren ist dabei noch gar nicht in Betracht gezogen; es führt zu weiteren Unberechenbarkeiten. So hat die Wettbewerbskommission die Einleitung eines Gerichtsverfahrens beispielsweise nicht befürwortet, weil die aus der Anwendung einer kartellrechtlich unzulässigen Tarifliste resultierenden Preise nicht „mißbräuchlich" waren[77].

e) Die Verantwortlichkeit des französischen Bankenverbandes nach Artikel 37 Ziffer 3 der Preisverordnung

Das Verhalten des französischen Bankenverbandes könnte noch nach Artikel 37 Ziffer 3 der Preisverordnung (Nr. 45—1483 vom 30. 6. 1945) rechtlich relevant sein. Nach dieser Ziffer ist unter anderem die Anstiftung (incitation) zu einem nach Artikel 50 verbotenen Verhalten dem Fordern gesetzwidriger Preise gleichgestellt[78]. Eine solche Anstiftung könnte man in der Verbreitung der Konditionenlisten an die einzelnen Bankunternehmen sehen.

Die Wettbewerbskommission behandelt jedoch Berufsverbände in der Regel nur als den äußeren Rahmen für Abstimmungen ihrer Mitglieder, auch wenn eine Preisabsprache ihren Ausdruck in einer Verbandspreisliste gefunden hat[79]. Auch im vorliegenden Fall würde die Wettbewerbskommission mit hoher Wahrscheinlichkeit zu einem solchen Ergebnis kommen, da nach dem Text der Absprachen die Basiszinsänderungen jeweils „von den Banken vereinbart worden sind"[80].

III. Zusammenfassung

Da das französische Wettbewerbsrecht aus nur wenigen generalklauselartigen Verbots- und Befreiungstatbeständen besteht und das Kartellverfahren vom Opportunitätsprinzip beherrscht ist, läßt sich aus einer Analyse der gesetzlichen Wettbewerbsregeln kaum eine genaue Aussage über die Stellung der Banken im Wettbewerbsrecht treffen. Auch die Gutachten der Wettbewerbskommission zu Fällen, die der in der Bankwirtschaft angetroffenen Situation vergleichbar sind, helfen nicht viel weiter, da sie auf den Einzelfall abgestellt sind und eine genaue Prognose insbesondere bei den sehr weiten Rechtfertigungstatbeständen und den vielfältigen Verfahrensmöglichkeiten nicht erlauben.

---

[77] Wettbewerbskommission, Rapport 1976, S. 984.

[78] Systematisch zum Recht der individuellen Wettbewerbsbeschränkungen gehörig, siehe oben 2. Teil unter I.

[79] *Hoffmann*, S. 47.

[80] Siehe oben 2. Teil unter II. 3. a) FN 49).

Festgehalten werden kann, daß im Zuge der Bankreformen marktwirtschaftliche Elemente in das bis dahin ausschließlich staatlich verwaltete Bankgewerbe Einzug fanden, und daß von daher das Kartellrecht grundsätzlich anwendbar ist.

Staatlich bedingte Wettbewerbsbeschränkungen werden mangels Vorliegens einer *entente* nicht vom allgemeinen Kartellverbot des Artikels 50 erfaßt. Eine Ausnahme gilt für die Höchstzinsregelungen im Einlagenbereich; die genaue Befolgung dieser Sätze durch die Gesamtheit der Banken bildet eine wettbewerbsbeschränkende gemeinschaftliche Maßnahme; diese ist jedoch nach Artikel 51 Ziffer 1 gerechtfertigt, da sie die direkte Folge administrativer Vorschriften ist.

Die seit den Bankreformen neben den staatlich bedingten Wettbewerbsbeschränkungen eröffneten Möglichkeiten des Zinswettbewerbs sind durch private Absprachen im Rahmen des französischen Bankenverbandes praktisch beseitigt. Diese Zinsabsprachen widersprechen dem Kartellverbot des Artikels 50.

Dennoch haben sich bisher weder Rechtsprechung noch die Wettbewerbskommission mit der Bankwirtschaft unter wettbewerbsrechtlichen Gesichtspunkten beschäftigt. Insofern genießt die französische Bankwirtschaft de facto eine Sonderstellung im Wettbewerbsrecht, die der rechtlichen Sonderstellung der deutschen Kreditwirtschaft nach § 102 GWB vergleichbar ist.

IV. Ergebnisdiskussion

1. Vergleich mit der Bereichsausnahmeregelung des § 102 GWB

Die Entwicklung der Ordnungsstruktur der französischen Bankwirtschaft und ihre wettbewerbsrechtliche Stellung lassen Ähnlichkeiten mit den Verhältnissen in Deutschland erkennen. Neben Konzentrationsvorgängen, die in Frankreich vorwiegend auf die Initiative des Staates zurückgeführt werden können, sind hier zunächst die in Frankreich wachsenden Tendenzen zu der in Deutschland üblichen Universalbank zu nennen. Weiterhin wurde in beiden Ländern nach langen Phasen teils privater, teils hoheitlicher Marktregulierungen etwa Mitte der sechziger Jahre Wettbewerb als Ordnungsprinzip in die Bankwirtschaft eingeführt, und in beiden Ländern traten in dieser Zeit an die Stelle der hoheitlichen Zinsbedingungen Empfehlungen der Bankenverbände. Diese privaten Preisabsprachen haben weder in Deutschland noch in Frankreich wettbewerbsrechtliche Sanktionen nach sich gezogen, da in beiden Ländern die Bankwirtschaft eine Sonderstellung im Wettbewerbsrecht genießt: in Deutschland eine rechtliche, in Frankreich eine faktische. Während in Deutschland nach § 102 GWB die Bankwirtschaft von den allgemeinen Verbotsregeln des Kartellrechts ausgenommen ist und nur einer Mißbrauchsaufsicht untersteht[1], gilt in Frankreich das Wettbewerbsrecht mit seinen weitgefaßten Verbotstatbeständen zwar grundsätzlich auch für die Bankwirtschaft, tatsächlich ist es aber noch nie angewandt worden. Da in der französischen Literatur dieser Sachverhalt weitgehend undiskutiert ist, kann möglicherweise die faktische Nichtanwendung des französischen Wettbewerbsrechts auf diesen Wirtschaftszweig durch einen Rückgriff auf die zu § 102 GWB vorgebrachten Argumente erklärt werden.

Als Gründe für die Berechtigung der Sonderstellung der Bankwirtschaft im deutschen Wettbewerbsrecht und gegen eine uneingeschränkte Anwendung des Wettbewerbsprinzips in der Kreditwirtschaft werden hauptsächlich genannt[2]:

(a) der besondere Schutz der Banken vor Zusammenbrüchen verbiete eine uneingeschränkte Anwendung des marktwirtschaftlichen Ausleseprinzips, das in letzter Konsequenz auch den Konkurs bedeuten könne (Sicherheitsargument);

(b) die Kreditwirtschaft sei als Medium und Partner für die staatliche Währungs-, Kredit- und Konjunkturpolitik von Bedeutung. „Daher müssen neben hoheitlichen Entscheidungen staatlicher Stellen auch andere Formen der Einflußnahme des Staates möglich sein, wie beispielsweise die Anregungen zu Zinsempfehlungen der Spitzenverbände der Kreditwirtschaft oder zu Absprachen über den Umfang der Kreditgewährung"[3] (Kooperationsargument);

(c) ein freier Bankenwettbewerb führe zur übermäßigen Ausweitung des Kreditvolumens, wodurch inflatorische Tendenzen begünstigt würden (Geldschöpfungsargument);

(d) die Bankwirtschaft müsse aus gesamtwirtschaftlichen Gründen eine besonders starke Beschneidung ihrer Rentabilität durch hoheitliche Maßnahmen hinnehmen. Diese Folgen müßten dadurch begrenzt werden, daß die Gefahren, die ein ungehemmter Konkurrenzkampf für die Ertragslage der Kreditinstitute mit sich bringen könne, eingeschränkt würden (Ausgleichsargument);

---

[1] Daran ändert auch der Regierungsentwurf eines 4. Gesetzes zur Änderung des Gesetzes gegen Wettbewerbsbeschränkungen vom 26. 5. 1978 grundsätzlich nichts, siehe Bundesratsdrucksache 231/78, S. 31.

[2] Siehe *Möschel* (II): Kreditwirtschaft und Bereichsausnahme nach § 102 GWB, in: Zeitschrift für das gesamte Handelsrecht und Wirtschaftsrecht 1975, S. 347—361; *Gleiss / Hootz* im Gemeinschaftskommentar, Anm. 2 zu § 102, jeweils mit weiteren Nachweisen.

[3] Bundestagsdrucksache 7/3206 vom 4. 2. 1975, S. 17.

(e) der in der Kreditwirtschaft historisch gewachsene Gruppenwettbewerb impliziere wettbewerbsbeschränkende Maßnahmen (Gruppenargument); u. a. m.

Dagegen wird insbesondere von *Möschel* im wesentlichen eingewandt[4]:

(a) Es stehen genügend Maßnahmen der Bankenaufsicht zur Verfügung (fachliche Eignungsanforderungen, Mindestkapitalvorschriften, Liquiditätskoeffizienten, Diversifikationsgebote, Beleihungsgrenzen usw.), um offene Bankinsolvenzen zu vermeiden. Auch resultieren diese regelmäßig aus plötzlichen Verlusten bei Großengagements oder bei Spekulationsgeschäften, nicht dagegen aus einem allmählichen Rentabilitätsabfall, den private Wettbewerbsbeschränkungen verhindern wollen; zudem besteht bei der Festlegung von Aktionsparametern durch Wettbewerbsbeschränkungen die Gefahr von Ausweichreaktionen — beispielsweise im Wettbewerb auf der Qualitätsebene —, so daß unter dem Aspekt der Sicherheitspolitik und des Einlagenschutzes das Gegenteil dessen erreicht wird, was beabsichtigt ist;

(b) Wettbewerbsbeschränkungen sind nicht deshalb harmlos, weil sie unter Beteiligung staatlicher Stellen zustande gekommen sind. Es besteht die Gefahr einer unkontrollierten Interessenverfilzung von Aufsicht mit den zu Beaufsichtigenden, und vorgeschriebene Verfahren, die eine rechtsstaatliche Kontrolle ermöglichen, werden bei solchen Kooperationen im gesetzesfreien Raum umgangen;

(c) die Notwendigkeit währungspolitischer Eingriffe in die Marktordnung durch staatliche Stellen rechtfertigt keine privaten Kartellierungsmaßnahmen;

(d) durch die Politik der Zentralbank erzwungene Kostensteigerungen können von den Kreditinstituten in den Preisen weitergegeben werden, und Kostensteigerungen sind, egal ob sie auf staatliche Maßnahmen oder auf marktmäßige Entwicklungen zurückgehen, kein Grund zur Errichtung von Kartellen;

(e) eine Politik gegengewichtiger Marktmacht führt langfristig zu einer kollektiven Vermachtung der Märkte, versperrt deren Zugänge und blockiert die wettbewerbliche Weiterentwicklung von Außenseitern. Funktionierender Wettbewerb wird durch eine wechselseitige Kontrolle eines exklusiven Kreises von Oligopolisten ersetzt; u. a. m.

Trotz der Ähnlichkeit der tatsächlichen wettbewerbsrechtlichen Stellung der französischen Bankwirtschaft mit der deutschen können jedoch die zum § 102 GWB genannten Argumente *für* eine kartellrechtliche

---

[4] *Möschel* (II), S. 350 ff.

Sonderstellung des Kreditgewerbes auf die französischen Verhältnisse kaum übertragen werden.

Zum einen laufen einige der in der Bundesrepublik Deutschland zugunsten des § 102 GWB angeführten Gründe in Frankreich von vornherein leer. So verhindern die im Verhältnis zu Deutschland strengeren Aufsichtsmaßnahmen wie objektive Bedürfnisprüfung, hoheitliche Zinsregelungen im Masseneinlagegeschäft, Kreditplafondierungen u. a. m. bereits den von den Banken so gern zitierten „ruinösen" Wettbewerb. Zusätzlich garantiert der Staat bei den drei marktbeherrschenden Unternehmen des wettbewerblichen Banksektors als Eigentümer für die Sicherheit der Einlagen[5].

Weiterhin stehen die Kreditbegrenzungsmaßnahmen einer übermäßigen Ausweitung des Kreditvolumens und dadurch begünstigten inflatorischen Tendenzen entgegen.

Sicherheits- und Kreditschöpfungsargument entbehren deshalb in Frankreich der Grundlage, um die faktische Sonderstellung der Kreditwirtschaft im Wettbewerbsrecht rechtfertigen zu können.

Zum andern bestehen in Frankreich Besonderheiten, die in der zu Deutschland unterschiedlichen Wirtschaftsphilosophie wurzeln, und die vom instrumentellen Einsatz sowohl des Wettbewerbsrechts als auch der Bankwirtschaft zu wirtschaftspolitischen Zwecken herrühren.

Hinzu kommt die institutionelle Verquickung von Bankaufsicht und Kartellaufsicht.

Diese Besonderheiten des französischen Wirtschaftsrechts sind für die faktische Nichtanwendung des französischen Wettbewerbsrechts auf die Bankwirtschaft ausschlaggebend.

2. Bankwirtschaft und Wettbewerbsrecht als Instrumente französischer Wirtschaftspolitik

In Frankreich wird die Auffassung vertreten, daß der Marktmechanismus die einzelwirtschaftlichen Entscheidungen nur unvollständig und mangelhaft koordiniert und daß daher zur Erreichung wirtschaftlichen Fortschritts und zur Förderung des Allgemeinwohls eine zusätzliche Koordinierung durch einen die ganze Wirtschaft umfassenden Plan not-

[5] Bezeichnenderweise hat es in Frankreich spektakuläre Bankzusammenbrüche nie gegeben; die große Bankenkrise von 1930 ist praktisch folgenlos an Frankreich vorbeigegangen, siehe *Gavalda / Stoufflet* (II), S. 51 f.; zu drei Konkursen nach dem 2. Weltkrieg, die aber ohne Einlagenverluste geregelt werden konnten, siehe L'Usine Nouvelle: Les banques face à la tourmente, vom 5. 9. 1974.

wendig ist[6]. Diese umfassende Koordinierung soll durch das System der *planification* gewährleistet werden, das alle Teile des Wirtschaftsrechts mit einbezieht und als Rahmen für Konzertierungen mit der Privatwirtschaft dient[7]. Die Preisgesetzgebung mit „Programmverträgen" zwischen Berufsverbänden und Staat hat hierbei eine maßgebliche Bedeutung[8]. Denn auf Grund der mehr neoliberalen Einstellung der letzten Regierungen wurde der ursprünglich quantitative und für die Wirtschaftszweige verbindliche Charakter der Planung abgeschwächt und die Betonung auf eine im Zeichen von Wettbewerb stehende indikative Planung gelegt[9].

Die Bankwirtschaft spielt im Rahmen der Kreditverteilung und der Kreditkontrolle nun eine entscheidende Rolle bei der Verwirklichung der Planziele, weil ein wesentlicher Inhalt des Planes gerade die Finanzierung privater und öffentlicher Investitionen betrifft[10]. So betraut ausdrücklich Artikel 13 des Gesetzes vom 2. 12. 1945 den Nationalen Kreditrat unter anderem mit der Aufstellung von Investitionsplänen zur Planverwirklichung. Vertreter der Zentralbank und der Bankwirtschaft befinden sich deshalb in allen Plankommissionen und nehmen an allen Beratungen teil, welche die Vorbereitung und Durchführung des Planes mit sich bringen[11]. Hierbei hat die Bedeutung der Bankkredite seit dem V. Plan (1965—1970) noch zugenommen, nachdem im Zuge der Bankreformen die direkten Darlehen des Staates an die Wirtschaft erheblich verringert wurden[12].

Einen weiteren Ansatzpunkt für die Erreichung der Planziele bildet die selektive Kreditpolitik des Nationalen Kreditrates[13] und die Kreditvergabe der öffentlichen und halböffentlichen Institute. So sind beispielsweise Kredite über 2,5 Mio. Frs., die vom Crédit National gewährt werden, von der Genehmigung des Generalkommissariats des Plans abhängig[14].

---

[6] *Zijlstra:* Wirtschaftspolitik und Wettbewerbsproblematik in der EWG und ihren Mitgliedsstaaten, S. 29; daran anschließend *Freitag*, S. 16; *Massé:* L'éloge du Plan, in: Les Cahiers Francais, Mai/Juni 1977, S. 6—9 (7 ff.).

[7] Siehe *Fromont*, S. 25 ff.

[8] Siehe *Fromont*, S. 47 ff.

[9] Vgl. *VerLoren van Themat*, S. 18; *Cartell / Cossé:* La concurrence capitaliste, S. 20.

[10] Siehe dazu *Moussa:* Le rôle des banques dans le financement du 7e plan, in: Banque, Juni 1976, S. 707—710; und VIe plan de développement économique et social (1971—1975), S. 41 ff.; VIIe plan de développement économique et social (1976—1980), projet soumis par le gouvernement à l'avis du conseil économique et social, S. 65 ff.

[11] Dazu im einzelnen *Fradault:* La participation du système bancaire à l'éboration et à la mise en oeuvre du plan, in: Problèmes Economiques vom 21. 4. 1966, S. 3—10.

[12] Siehe oben 1. Teil unter I. 1. 4. FN 35).

[13] Siehe oben 1. Teil, Kapitel III. 3.

Das Bankensystem bildet so das bevorzugte Instrument hoheitlicher Interventionen in das Wirtschaftsleben. Diese Instrumentalisierung der Bankwirtschaft für die Ziele der allgemeinen Wirtschaftspolitik ist möglich auf Grund der in den Bankgesetzen den Aufsichtsbehörden verliehenen weitreichenden Lenkungsbefugnisse und auf Grund des vorherrschenden staatlichen Einflusses auf das Bankgewerbe über die drei nationalisierten Unternehmen sowie über die Institute des öffentlichen und halböffentlichen Sektors.

Auch das Wettbewerbsrecht wird in Frankreich instrumentell gehandhabt. Denn Wettbewerb wird nicht als Selbstzweck, sondern als ein Mittel angesehen, mit dem sich Entwicklungs- und Wachstumsprobleme bewältigen lassen und mit dem insbesondere dämpfend auf die andauernde inflationäre Entwicklung eingewirkt werden kann[15]. Hierbei setzen Preisregulierungen und Planindikationen einer strengen Anwendung des Wettbewerbsrechts von vornherein Schranken.

Eine aktive Wettbewerbspolitik, wie sie seit dem VI. Plan (1971—1975) propagiert wird[16], steht nach französischer Auffassung jedoch nicht im Gegensatz zum Plan, sondern in einem komplementären Verhältnis[17]; sie soll den Marktmechanismen Geltung verschaffen; gleichzeitig ist sie in die Planification als Mittel der Plandurchführung integriert[18]. Beispielsweise taucht im Regierungsentwurf für den VII. Plan (1976—1980) der Abschnitt „Aktive Wettbewerbspolitik" gleichrangig neben dem Abschnitt „Preisdisziplin" (Preisüberwachung) im Kapitel „Dämpfung der Preis- und Einkommensentwicklung" auf[19].

Der Einsatz des Wettbewerbsrechts ist somit in Frankreich jeweils von starken wirtschaftspolitischen Zweckmäßigkeitserwägungen bestimmt. Dem kommen die ausgeprägte Flexibilität der Kartellvorschriften und die geschmeidigen Verfahrensregeln entgegen, die eine Orientierung der Kartellpolitik an den Leitlinien der Wirtschaftspolitik er-

---

14 *Fromont*, S. 42 und 58.

15 Siehe oben 2. Teil unter I. 3. vor a).

16 VIe plan de développement économique et social (1971—1975), S. 44 f.; VIIe plan de développement économique et social (1976—1980), projet soumis par le gouvernement à l'avis du conseil économique et social, S. 64.

17 *Pascallon:* Caractéristiques de la planification française, in: Les Cahiers Français, Mai/Juni 1977, S. 21—23 (23); ebenso *Massé*, S. 7; dagegen *Lutz:* Plan et Marché: fondamentalement antinomiques, ebenda, S. 15—17.

18 Diesen letzteren Aspekt betonen insbesondere *Toeche-Mittler:* Das Verbandskartell als Instrument der Wirtschaftsplanung, S. 83 ff., 96; daran anschließend *Freitag*, S. 125, und *Ohr:* Die Konzeption der französischen Kartellkontrolle in der „Rechtsprechung" der technischen Kartellkommission, S. 182 ff.

19 VIIe plan de développement économique et social (1976—1980), projet soumis par le gouvernement à l'avis du conseil économique et social, S. 63 ff.

möglichen. So dienen die Kartellverbote in den Gutachten der Wettbewerbskommission nicht primär dem Schutz der Wettbewerbsordnung, sondern sie werden mit Blick auf das Marktergebnis interpretiert[20]. Auch wies die Wettbewerbskommission bei ihrer Entscheidungsfindung bereits ausdrücklich auf Planempfehlungen hin[21].

3. Folgerungen für das Verhältnis von Wettbewerbsrecht und Bankwirtschaft in Frankreich

Sowohl Bankwirtschaft als auch das Wettbewerbsrecht sind somit instrumentell an allgemeinen wirtschaftspolitischen Zielsetzungen ausgerichtet. Von daher ergeben sich Zielkonflikte zwischen Wettbewerbsprinzip und den Besonderheiten der Bankwirtschaft nur insoweit, als Wettbewerbsbeschränkungen im Bankensystem auftreten, die den im Plan vorgezeichneten wirtschaftspolitischen Vorhaben abträglich wären. Der Eintritt dieser Situation ist jedoch sehr unwahrscheinlich: Auf Grund des vorherrschenden staatlichen Einflusses in der Bankwirtschaft können dort private Wettbewerbsbeschränkungen nicht ohne Wissen und Billigung der Bankaufsicht, letztlich des Wirtschafts- und Finanzministers, verwirklicht werden. Dieser wird nur die ihm zweckmäßig und plankonform erscheinenden Absprachen zulassen, falls er sie nicht sogar initiiert.

Solche Absprachen werden immer den Vorrang vor einem konsequent verfolgten Wettbewerbsprinzip genießen. Soweit es überhaupt zu einem Kartellverfahren kommt, lassen sie sich über den *bilan économique* oder ähnliche Abwägungsmechanismen rechtfertigen.

Unter diesen Gesichtspunkten wird verständlich, warum die privaten Konditionenlisten im Einvernehmen mit den Bankaufsichtsbehörden erarbeitet werden, ohne daß dies als wettbewerbsrechtlich problematisch empfunden wird.

Ein weiterer Aspekt kommt hinzu, der die Anwendung des Wettbewerbsrechts auf die Bankwirtschaft vollends unwahrscheinlich macht: der Wirtschafts- und Finanzminister ist oberste Kartellbehörde — von ihm hängt ab, ob ein Kartellverfahren eingeleitet wird oder nicht — und zugleich Vorsitzender des Nationalen Kreditrates.

Ehe er als Kartellbehörde ein Verfahren in einem Wirtschaftsbereich anstrengt, in dem er selbst mit weitestgehenden Einflußmöglichkeiten Aufsicht führt und in dem der Staat Eigentümer der drei größten Bankunternehmen ist, wird er eventuell auftretende Unverträglichkeiten

[20] Siehe *Hoffmann*, S. 76.

[21] Wettbewerbskommission, Rapport 1963—1966, S. 14.

zwischen Wettbewerbsrecht und dagegen verstoßenden Maßnahmen der Kreditinstitute auf informelle Weise abstellen[22].

Die in der Diskussion zum § 102 GWB genannte Kritik greift allerdings auch hier: Die Gefahr einer unkontrollierten Interessenverfilzung von Aufsicht mit den zu Beaufsichtigenden liegt nahe, und gesetzlich vorgesehene Verfahren, die eine rechtsstaatliche Kontrolle der Bankwirtschaft ermöglichen, ihr aber auch gewährleisten, werden bei solchen Kooperationen im gesetzesfreien Raum umgangen.

[22] In diese Richtung geht auch eine Auskunft der französischen Wettbewerbs- und Preisdirektion: das französische Wettbewerbsrecht sei auf die freie Privatwirtschaft ausgerichtet und „passe“ nicht auf den Banksektor, in dem die verstaatlichten Banken eine dominierende Rolle spielen; Unverträglichkeiten mit dem Wettbewerbsrecht würden hier eher informell bzw. über die Aufsichtsorgane im Zusammenwirken mit diesen drei Banken geregelt.

Dritter Teil

Die Stellung der französischen Bankwirtschaft im europäischen Wettbewerbsrecht

I. Die Anwendbarkeit der europäischen Wettbewerbsregeln auf die französische Bankwirtschaft

Angesichts des in der Rechtsprechung des Europäischen Gerichtshofes anerkannten Vorrangs des europäischen Wettbewerbsrechts vor dem jeweiligen nationalen Wettbewerbsrecht[1] wäre die kartellrechtliche Beurteilung der französischen Bankenstruktur unvollständig ohne die Heranziehung der europäischen Wettbewerbsregeln. Diese gewinnen auch an steigender Bedeutung im Hinblick auf die zunehmenden internationalen Kooperationsabkommen zwischen Großbanken[2]. Das gleiche gilt im Hinblick auf die im ersten Teil der Arbeit beschriebenen nationalen Wettbewerbsbeschränkungen — seien sie privater oder staatlicher Natur —; denn diese haben bei fortschreitender Integration des gemeinsamen Marktes schnell die Schwelle zur Beeinträchtigung des zwischenstaatlichen Handels erreicht[3]. Zugleich ist hier der sehr umstrittene und schwierige Anwendungsbereich des Artikels 90 angesprochen.

Ähnlich wie im französischen Wettbewerbsrecht ist die Stellung der Bankwirtschaft im europäischen Wettbewerbsrecht nicht ausdrücklich geregelt.

Die Kommission der Europäischen Gemeinschaften geht im Grundsatz von der Anwendbarkeit des Wettbewerbsrechts auf die Bankwirtschaft aus, erwägt jedoch, „ob und in welchem Umfang auf Grund währungspolitischer Erfordernisse Artikel 87 Absatz 2 c herangezogen wer-

---

[1] Maßgeblich die Teerfarbenentscheidung des EuGH, Urt. v. 13. 2. 1969 — Walt Wilhelm / Bundeskartellamt, RS 14/68 — Slg. 1969, S. 1, 14. Daß das Gemeinschaftsrecht Vorrang auch vor erst später erlassenen nationalen Rechtsvorschriften hat, ist allerdings ein Grundsatz, den der französische Conseil d'Etat in einem Urteil vom 1. 3. 1968 nicht anerkannte, siehe ABl. C 1970, 20/3 ff. vom 14. 2. 1970; *Gleiss / Hirsch:* Kommentar zum EWG-Kartellrecht, S. 39 ff.

[2] Siehe EG-Kommission, Zweiter Wettbewerbsbericht (1973), S. 65, und oben 1. Teil, Kapitel IV. 5.

[3] *Möschel* (I), S. 515.

den muß, um für den Banksektor den Anwendungsbereich der Artikel 85 und 86 näher zu bestimmen“[4].

Eine weitere Stellungnahme dazu liegt noch nicht vor. Die Untersuchung der von einem nationalen Bankenverband empfohlenen und einheitlich angewandten allgemeinen Geschäftsbedingungen wurde von der EG-Kommission wieder eingestellt, nachdem sich der Bankenverband bereiterklärt hatte, die von der Kommission beanstandeten Klauseln der AGB abzuändern, nicht ohne daß der Verband darauf hinwies, daß er die Anwendbarkeit des Artikels 85 auf die Bankwirtschaft grundsätzlich bestreite[5].

Dies wird teilweise mit dem Argument begründet, der Banksektor könne aufgrund seiner Eigenschaft als Instrument der Währungspolitik nicht den Artikeln 85 und 86 unterworfen werden[6], und die Tätigkeit der Kreditinstitute sei kein „Handel“ im Sinne der Artikel 85 ff. Jedoch bezieht sich der Gemeinsame Markt auf den gesamten Wirtschaftsverkehr, d. h. auf alle Waren und Produktionsfaktoren (vgl. Artikel 3 Buchstabe c). *Handel zwischen den Mitgliedstaaten* umfaßt damit nicht nur den Austausch von Waren, sondern auch den Geld- und Kapitalverkehr sowie die bankmäßigen Dienstleistungen[7]. Auch wenn hierbei für die Liberalisierung des Kapitalverkehrs die besonderen Vorschriften der Artikel 61 Absatz II, 67 bis 73 und 106 gelten, soll diese Liberalisierung nach dem Willen des Vertrages soweit gehen, daß ein Kapitalverkehr über die Grenzen und damit ein Wettbewerb zwischen den Kreditinstituten der Gemeinschaft möglich wird[8].

Die grundsätzliche Anwendbarkeit des europäischen Wettbewerbsrechts auf die französische Bankwirtschaft ist damit gegeben.

II. Die Beurteilung der staatlich bedingten Wettbewerbsbeschränkungen

Anders als im französischen Wettbewerbsrecht, das auf hoheitliche Berufsreglementierungen keine Anwendung findet und dessen Artikel 51 Ziffer 1 der Preisverordnung auf staatlichen Regelungen beruhende private Wettbewerbsbeschränkungen global gegenüber dem Kartellverbot des Artikels 50 der Preisverordnung rechtfertigt, stellt sich im euro-

---

[4] EG-Kommission, Zweiter Wettbewerbsbericht (1973), S. 65.

[5] Ebenda, S. 66.

[6] So die Auffassung der europäischen Bankenvereinigung.

[7] Allgemeine Ansicht, siehe *Möschel* (I), S. 516; *Gleiss / Hootz* im Gemeinschaftskommentar, § 102 Anm. 30, mit jeweils weiteren Nachweisen.

[8] *Emmerich:* Das Wirtschaftsrecht der öffentlichen Unternehmen, S. 464; *Bleckmann:* Europarecht, S. 278.

päischen Wettbewerbsrecht die Frage, ob und inwieweit die staatliche Beeinflussung des Marktverhaltens der Kreditinstitute und ihre Instrumentalisierung zu wirtschafts- und währungspolitischen Zwecken gegen die Artikel 5 Absatz II und 90 Absatz I verstoßen.

Gemäß Artikel 5 Absatz II sind nach der Rechtsprechung des EuGH die Mitgliedstaaten verpflichtet, alle Maßnahmen zu unterlassen, welche die Verwirklichung der Ziele des Vertrages gefährden können. Zu diesen Zielen gehört das vom Vertrag gewollte System eines einheitlichen Marktes, das eine jede innerstaatliche Regelung ausschließt, durch die der Handel innerhalb der Gemeinschaft unmittelbar oder mittelbar, tatsächlich oder potentiell behindert wird (Artikel 3 Buchstabe f). Dies verbietet es den Mitgliedstaaten, Maßnahmen zu treffen, die es Privatunternehmen ermöglichen, sich den ihnen durch die Wettbewerbsregeln des Vertrages auferlegten Bindungen zu entziehen. Artikel 90 Absatz I als ein besonderer Anwendungsfall dieser Grundsätze erstreckt dieses Verbot auch auf öffentliche Unternehmen und Unternehmen mit besonderen oder ausschließlichen Rechten[1]; er bestimmt, daß sich die Mitgliedstaaten über ihre „öffentlichen Unternehmen“ weder ihren eigenen Pflichten aus dem Vertrag entziehen noch die Unternehmen zur Verletzung von deren eigenen Pflichten veranlassen können[2]. Gleichzeitig begründet Artikel 90 für diesen Sachverhalt die besonderen Befugnisse der Kommission nach Absatz III[3].

1. Die Anwendung des Artikels 90 Absatz I EWG-Vertrag

a) *Die französischen Kreditinstitute als „öffentliche Unternehmen“*

Als *Unternehmen* bezeichnet man — wie in Artikel 85 und 86 — eine Zusammenfassung von Personen und Sachen, die auf Dauer einen wirtschaftlichen Zweck verfolgt, wobei nicht notwendig eine Gewinnerzielungsabsicht vorhanden sein muß[4]. Hierbei ist es für Artikel 90 unerheblich, ob das Subjekt wirtschaftlicher Betätigung des Staates eine von der öffentlichen Hand getrennte eigene juristische Persönlichkeit besitzt oder nicht[5]. So ist der Fonds de Développement Economique et Social juristisch nur ein Spezialkonto des Schatzamtes[6] und die Caisse Natio-

---

[1] Siehe EuGH Urt. v. 16. 11. 1977 — INNO/ATAB, RS 13/77 — Slg. 1977, S. 2115, 2145 ff.

[2] EG-Kommission, 6. Wettbewerbsbericht (1976), S. 166.

[3] *Bleckmann*, S. 335 f.

[4] Siehe *Gleiss / Hirsch*, S. 63 ff., 66, 396 f., *Bleckmann*, S. 303.

[5] *Gleiss / Hirsch*, S. 396; *Bleckmann*, S. 336; anders der EuGH zum EGKS-Vertrag, wo er auf die juristische Persönlichkeit abstellt, siehe Urt. v. 13. 7. 1962 — Mannesmann AG / Hohe Behörde, RS 19/61 — Slg. 1962, S. 717, 750.

[6] *Fromont:* Bericht über das französische Wirtschaftsrecht, S. 42.

nale d'Epargne ohne eigene Rechtspersönlichkeit im Postbudget integriert[7]. Auch wirtschaftliche Betätigungen des Staates wie diese, die nur durch einen eigenen Haushalt oder als Sondervermögen von der übrigen öffentlichen Hand abgegrenzt und individualisiert sind, können unter Artikel 90 fallen.

Bei einigen Spezialinstitutionen ist allerdings die Unternehmenseigenschaft zweifelhaft. In Frage stehen Organisationen wie der genannte Fonds de Développement Economique et Social, die Caisse des Dépôts et Consignations, der Crédit Foncier de France, der Crédit National, die Caisse Nationale des Marchés de l'Etat und die Banque Française pour le Commerce Extérieur, die in ihrer Sonderstellung etwa der Kreditanstalt für Wiederaufbau, der Deutschen Siedlungs- und Landesrentenbank, der Deutschen Bau- und Bodenbank, der Lastenausgleichsbank usw. vergleichbar sind[8]. Da diese Institutionen nur der Durchsetzung staatlicher Wirtschaftspolitik dienen, will *Hertz* sie dem „Staat als solchem" zurechnen; aus ihrer Zielsetzung ergebe sich, daß sie in bezug auf die Wettbewerbsregeln des Vertrages keine Unternehmen sind, sondern daß der Staat über ihre unternehmensähnliche Organisation Beihilfen im Sinne der Artikel 92 ff. verteile[9].

Jedoch können diese Organisationen nach der Rechtsprechung des EuGH unter die in Artikel 90 genannten Bestimmungen fallen, „soweit die Erfüllung ihrer Aufgaben Tätigkeiten wirtschaftlicher Art mit sich bringt"[10]. Maßgeblich für den Anwendungsbereich des Artikels 90 ist somit die wirtschaftliche Betätigung der in Frage stehenden Institutionen. Da diese hier alle auf Dauer wirtschaftliche Zwecke verfolgen und Einlagensammlung und Kreditvergabe typischerweise auch keine hoheitliche Tätigkeit ist, werden sie vom Unternehmensbegriff des Artikels 90 erfaßt[11].

Zur Charakterisierung eines Unternehmens als öffentlich oder privat existieren in den Rechtsordnungen der verschiedenen Mitgliedstaaten keine übereinstimmenden Abgrenzungsmerkmale[12]. Infolgedessen greift

---

[7] Centre Européen de l'Entreprise Public (Hrsg.): Les entreprises publique dans la CEE, S. 121.

[8] Vgl. *Hertz:* Quelques aspects de l'application aux banques du droit européen de la concurrence, S. 80; *Möschel* (I), S. 543.

[9] *Hertz,* S. 81 ff.

[10] So der EuGH zu italienischen Fernsehanstalten, Urt. v. 30. 4. 1974 — *Sacchi,* RS 155/73 — Slg. 1974, S. 409, 430.

[11] Vgl. *Bleckmann,* S. 336; *Gleiss / Hirsch,* S. 397; *Hochbaum,* in: *v. d. Groeben / v. Boeck / Thiesing:* Kommentar zum EWG-Vertrag, S. 675 f.; unklar dagegen *de Roux / Voillemot:* Le droit de la concurrence des Communautés Européennes, S. 204.

[12] Siehe *Hochbaum,* S. 1133; eingehend *Huth:* Die Sonderstellung der öffentlichen Hand in den Europäischen Gemeinschaften, S. 35 und 78. ff.

man zur Begriffsbestimmung auf den Zweck der Vorschrift zurück[13]: sie soll die Gleichbehandlung öffentlicher und privater Unternehmen vor allem in wettbewerblicher Hinsicht gewährleisten und verhindern, daß der Staat den seiner Jurisdiktion unterliegenden Unternehmen Möglichkeiten schafft, sich den Wettbewerbsregeln zuwider zu verhalten[14].

Öffentliche Unternehmen im Sinne des Artikels 90 sind daher solche Unternehmen, die unmittelbar oder mittelbar unter dem beherrschenden Einfluß des Staates stehen[15], wobei es keine Rolle spielt, ob das mitgliedstaatliche Recht das Unternehmen ausdrücklich als „öffentlich" qualifiziert. Materiell wird auf die staatliche Einwirkungsmöglichkeit abgestellt, die auch bereits in den Rechtsakten bestehen kann, welche eine Sonderstellung eines Unternehmens konstituieren[16].

Öffentliche Unternehmen im Sinne des Artikels 90 sind somit sicherlich die nationalisierten Banken in Frankreich, da bei ihnen der Staat bereits aufgrund seiner Eigentümerstellung einen beherrschenden Einfluß ausübt.

Zweifelhaft ist, ob daneben auch die privaten Banken und Finanzierungsinstitute des wettbewerblichen Sektors als öffentliche Unternehmen im Sinne des Artikels 90 bezeichnet werden können. Auch bei diesen Unternehmen hat sich der Staat über die Bankgesetze, die sehr weitgehende Befugnisse der Bankenaufsicht und damit einhergehende währungspolitische Regelungen einen maßgeblichen Einfluß auf die Unternehmensleitung und Geschäftspolitik gesichert. Zu erinnern sei an die Bedürfnisprüfung, Zinsfestlegungen, Kreditbegrenzungsnormen, Liquiditätsvorschriften, die Möglichkeiten von Zwangsschließungen, Zwangsfusionen, Gebietszuweisungen u. a. Ebenso sei hier nochmals auf den Regierungsbeauftragten im Verwaltungsrat der Beteiligungsbanken hingewiesen, der bei allen Geschäften über ein Vetorecht zur Beachtung des „nationalen Interesses" verfügt[17]. Die Einstufung aller französischen Kreditinstitute als öffentlich im Sinne des Artikels 90 liegt von daher nahe[18].

---

[13] *Nicolaysen:* Planeinsatz öffentlicher Unternehmen und EWG-Vertrag (Art. 90), in: Planung 3, S. 314; *Mestmäcker:* Europäisches Wettbewerbsrecht, S. 650; *Hochbaum,* S. 1134.

[14] *Hochbaum,* S. 1134; *Mestmäcker,* S. 651; *Ipsen:* Europäisches Gemeinschaftsrecht, S. 663.

[15] *Bleckmann,* S. 336; *Mestmäcker,* S. 650.

[16] *Ipsen,* S. 663.

[17] Siehe oben 1. Teil unter I. 1. b).

[18] Die in Artikel 90 Absatz I für die Mitgliedstaaten ausgesprochene Verpflichtung gilt über Artikel 5 Absatz II freilich auch, wenn man die privaten Kreditinstitute des wettbewerblichen Sektors als Privatunternehmen ansieht, siehe EuGH Urt. v. 16. 11. 1977 — INNO/ATAB, RS 13/77 — Slg. 1977, S. 2115, 2145.

Noch stärker ausgeprägt ist die staatliche Beaufsichtigung und Beeinflussung des Marktverhaltens bei den öffentlichen und halböffentlichen Instituten. Ihre Tätigkeit ist größtenteils hoheitlich genau bestimmt, und meist besteht eine Erlaubnis zu Kreditgeschäften nur in speziellen Wirtschaftsbereichen wie Landwirtschaft, Wohnungsbau, Fischerei, oder zu speziellen Zwecken wie Exportfinanzierung, Finanzierung kommunaler Einrichtungen usw. Insofern sind diese Institute nicht nur öffentliche Unternehmen, sondern in ihren Spezialstatuten kann man zugleich die *Gewährung besonderer Rechte* im Sinne der zweiten Alternative des Artikels 90 Absatz I sehen, da sie innerhalb der ihnen zugewiesenen Aufgabenbereiche über einen privilegierten Marktzugang verfügen[19].

b) Dem Vertrag widersprechende Maßnahmen

Unter *dem Vertrag widersprechende Maßnahmen* versteht man jedes rechtliche oder tatsächliche Einwirken eines Mitgliedstaates auf die genannten Unternehmen, das zu einer dem Vertrag und insbesondere den Artikeln 7, 85 bis 94 widersprechenden Situation führt oder führen kann[20]. Dabei ist es ohne Bedeutung, ob der Staat hoheitlich oder privatrechtlich handelt[21]; auch die gesetzlich festgelegten Statuten öffentlicher Unternehmen können eine solche Maßnahme des Staates bilden[22].

Artikel 90 Absatz I stellt damit die Kommission vor die Aufgabe, staatlich bedingte Wettbewerbsbeschränkungen in den Mitgliedstaaten daraufhin zu prüfen, ob sie mit dem System eines unverfälschten Wettbewerbs vereinbar sind, wie es in Artikel 3 Buchstabe f zur Erreichung der in Artikel 2 niedergelegten Ziele vorgesehen ist[23].

Die Anwendung dieser Grundsätze auf die im ersten Teil der Arbeit untersuchten Regelungen der Bankenaufsicht und Währungspolitik einschließlich der zugrundeliegenden Gesetze ergibt folgendes Bild:

---

[19] Zu den hier noch sehr strittigen Fragen einerseits *Mestmäcker*, S. 551, 652, andererseits *Hochbaum*, S. 1135. Nach Ansicht der Kommission betreffen die besonderen oder ausschließlichen Rechte den Zugang eines Unternehmens zum Markt, siehe Stellungnahme der Kommission, in: EuGH RS 13/77, Slg. 1977, S. 2135. Dies würde die hier vertretene Ansicht noch decken. Nach *Gleiss / Hirsch*, S. 397 f., werden von der 2. Alternative des Artikels 90 Absatz I dagegen nur private Unternehmen erfaßt.

[20] *Hochbaum*, S. 1136.

[21] Allgemeine Ansicht, vgl. *Mestmäcker*, S. 647; *Gleiss / Hirsch*, S. 399. Lediglich *Vygen:* Öffentliche Unternehmen im Wettbewerbsrecht der EWG, S. 73 ff. nimmt Gesetze aus; diese Ansicht hätte zur Folge, daß die Anwendbarkeit des Artikels 90 in das Belieben der Mitgliedstaaten gestellt würde.

[22] *Hochbaum*, S. 1136 f.

[23] *Mestmäcker*, S. 652; *Bleckmann*, S. 337; EG-Kommission, 6. Wettbewerbsbericht (1976), S. 166.

Im wettbewerblichen Banksektor werden Marktzutrittsschranken von Mindestkapitalanforderungen und Bedürfnisprüfung gebildet; die Begrenzung der Geschäftstätigkeit durch die Bankenstatuten haben — wenn auch in verschwindenderem Maße als vor 1966/67 — die Wirkung von Spezialisierungskartellen; hoheitliche Zinsregelungen entsprechen Preis- und Konditionenkartellen, Kreditplafondierungen wirken wie Absatzbeschränkungen, und die Eigenkapital- und Liquiditätsrichtsätze wie eine Zuteilung von Kontingenten des Geschäftsvolumens.

Daneben genießen die Institute des öffentlichen und halböffentlichen Kreditsektors steuerliche Vorteile und andere wettbewerbsverzerrende Vergünstigungen und unterliegen Spezialvorschriften, die deren Geschäftstätigkeit weitgehend reglementieren[24].

Eine Auswirkung auf den zwischenstaatlichen Handel bilden insbesondere die staatlichen Zinsfestsetzungen: hohe Habenzinsen bewirken den Zufluß ausländischer Einlagen, hohe Sollzinsen dagegen die Aufnahme von Krediten im Ausland; und Folgen solcher Art hat bei der zunehmenden Verflechtung der Geld- und Kapitalmärkte mehr oder weniger mittelbar jede direkte staatliche Beeinflussung der Bankkonditionen[25].

Nicht so offenkundig ist die Beeinträchtigung des zwischenstaatlichen Handels bei den anderen staatlich bedingten Wettbewerbsbeschränkungen. Jedoch ist diese Beeinträchtigung gegeben, solange Kreditinstitute, die in einem Mitgliedstaat ansässig sind, in einem anderen Mitgliedstaat nur tätig werden können, wenn sie zusätzliche Voraussetzungen für die Aufnahme und Ausübung ihrer Tätigkeit erfüllen müssen[26], so etwa, wenn einer deutschen Bank eine Niederlassung in Frankreich wegen fehlenden „wirtschaftlichen Bedürfnisses" untersagt würde.

Zudem handelt es sich bei den festgestellten staatlichen Wettbewerbsbeschränkungen der Wirkung nach um Preis-, Absatz-, Quoten- und Spezialisierungskartelle, die sich auf das gesamte Gebiet Frankreichs erstrecken. Solche Kartelle bewirken nach der ständigen Rechtsprechung des EuGH schon ihrem Wesen nach, die gegenseitige Abschließung der Märkte auf nationaler Ebene zu verfestigen und die vom Vertrag gewollte gegenseitige wirtschaftliche Durchdringung zu verhindern[27].

---

[24] Die Privilegierungen verstoßen möglicherweise gegen Artikel 90 Absatz I, da sie als Beihilfen zugunsten dieser Kreditinstitute angesehen werden können, siehe *Hochbaum*, S. 1137.

[25] *Gleiss / Hootz*, § 102 Anm. 30.

[26] Vgl. EG-Kommission, 7. Gesamtbericht (1974), S. 143.

[27] Siehe EuGH Urt. v. 17. 10. 1972 — Cementhandelaren / Kommission, RS 8/72 — Slg. 1972, S. 977, 991; EG-Kommission, 9. Gesamtbericht (1976), S. 328 f.; und *Gleiss / Hirsch*, S. 102 f.

Privat vereinbart würden solche hoheitlichen Interventionen und Marktregelungen unzweifelhaft gegen Artikel 85 verstoßen. Sie widersprechen somit der vom Vertrag vorgesehenen Wettbewerbsordnung und damit auch Artikel 90 Absatz I. Denn Grundlage der Gemeinschaft ist eine Zollunion (Artikel 9 Absatz I), „innerhalb derer nicht etwa internationale Kartelle oder hoheitliche Eingriffe, sondern ein umfassendes System unverfälschten Wettbewerbs die Steuerung der ökonomischen Prozesse übernehmen soll“[28].

Dem steht auch nicht die Entscheidung des EuGH entgegen, wonach das Bestehen eines Monopols zugunsten eines Unternehmens, dem ein Mitgliedstaat Ausschließlichkeitsrechte im Sinne des Artikels 90 gewährt, mit Artikel 86 nicht unvereinbar ist[29]. Zwar hindert nach dieser Entscheidung der Vertrag die Mitgliedstaaten in keiner Weise daran, aus Gründen des öffentlichen Interesses beispielsweise Fernsehsendungen dem Wettbewerb zu entziehen, indem sie einer oder mehreren Anstalten das ausschließliche Recht zu deren Verbreitung verleihen. Ein Ausschließlichkeitsrecht im Sinne eines Monopols ist jedoch keinem der französischen Kreditinstitute, auch nicht den öffentlichen oder halböffentlichen Instituten gewährt. Denn diese verfügen innerhalb der ihnen zugewiesenen Aufgabenbereiche zwar vielfach über einen privilegierten, nicht aber über einen ausschließlichen Marktzutritt. Auch unterliegen nach der angeführten Entscheidung des EuGH solche Unternehmen mit besonderen oder ausschließlichen Rechten uneingeschränkt den Vertragsvorschriften, sobald diese besonderen Rechte mißbräuchlich ausgeübt werden oder dazu benutzt werden, den freien Warenaustausch zwischen den Mitgliedstaaten zu beeinträchtigen[30]. Dem in ihren Auswirkungen gleichkommende innerstaatliche Vorschriften verstoßen dann gegen Artikel 90[31].

Einen weiteren Verstoß gegen die Wettbewerbsvorschriften können die hauptsächlich über die öffentlichen und halböffentlichen Institute laufenden Vorzugskredite für bestimmte Geschäfte bilden. Denn wirtschaftlich gesehen handelt es sich hierbei um Beihilfemaßnahmen zugunsten bestimmter Unternehmen oder Unternehmensgruppen, die den Artikeln 92 ff. widersprechen können[32]. So hat die Kommission stets

---

[28] *Emmerich*, S. 407; siehe auch EG-Kommission, 7. Gesamtbericht (1974), S. 479, wonach Artikel 3 Buchstabe f kein nur allgemeiner, rechtlich unverbindlicher Programmsatz ist.

[29] EuGH Urt. v. 30. 4. 1974 — Sacchi, RS 155/73 — Slg. 1974, S. 409, 430 f.

[30] EuGH ebenda, Leitsatz in NJW 1974, S. 1640.

[31] Siehe auch die ähnliche Fragestellung in EuGH Urt. v. 16. 11. 1977 — INNO/ATAB, RS 13/77 — Slg. 1977, S. 2115, 2146. Danach ist eine innerstaatliche Vorschrift, die in ihren Auswirkungen die mißbräuchliche Ausnutzung einer beherrschenden Stellung begünstigt, welche den Handel zwischen den Mitgliedstaaten zu beeinträchtigen geeignet ist, mit dem EWGV — hier Artikel 30 und 34 — unvereinbar. Gleiches muß dann gelten, wenn solche Auswirkungen von innerstaatlichen Normen nicht nur begünstigt, sondern hervorgerufen werden.

[32] Siehe *VerLoren van Themat:* Das Wirtschaftsrecht der Mitgliedstaaten der Europäischen Gemeinschaften in einer Wirtschafts- und Währungsunion, S. 48.

die Auffassung vertreten, daß die von den Mitgliedstaaten angewandten Beihilfen zur Förderung ihrer Ausfuhren in andere Mitgliedstaaten mit den Artikeln 92 ff. unvereinbar sind. Dies betraf unter anderem eine Regelung in Frankreich, die es der Banque Française du Commerce Extérieur ermöglicht, Banken mit Hilfe von öffentlichen Mitteln langfristige Kredite und Vorfinanzierungskredite zu günstigen Zinssätzen zu gewähren, um Ausfuhrgeschäfte zu erleichtern. Frankreich hat diesen Bedenken der Kommission nach langwierigen Diskussionen nunmehr Rechnung getragen, so daß diese Regelung nicht mehr auf Kreditgeschäfte angewandt wird, die Lieferungen nach den übrigen Mitgliedstaaten betreffen[33].

Auf die Beseitigung einer für Angehörige der Mitgliedstaaten diskriminierenden Nationalitätsvorschrift in den französischen Bankgesetzen wurde bereits hingewiesen[34].

Bei der Bewertung staatlicher Maßnahmen, die aus Gründen des nationalen Zahlungsbilanzausgleichs oder zur Abwendung nachteiliger Folgen für die Kapitalmärkte getroffen werden, sind allerdings auch die Sonderregelungen über die Freiheit des Kapital- und Zahlungsverkehrs zu beachten (Artikel 61 Absatz II, 67 bis 73, 106)[35]. Diese können meines Erachtens die in Frankreich vorhandenen Bestimmungen über den grenzüberschreitenden Kapitalverkehr und sonstige Devisenregelungen gegen Spekulationsgeschäfte rechtfertigen[36], nicht jedoch die Festlegungen von Habenzinsen und andere hier in Frage stehende Wettbewerbsbeschränkungen[37]

2. Die Berücksichtigung der in Artikel 85 Absatz III EWG-Vertrag genannten Gesichtspunkte

Mißt man im Artikel 90 Absatz I die Wirkungen staatlicher Marktregelungen am Maßstab der Wettbewerbsvorschriften, so muß man die Ziele des Artikels 85 Absatz III mitberücksichtigen[38]. Erst dadurch erhalten die Entscheidungen und Richtlinien der Kommission gemäß Artikel 90 Absatz III „die erforderliche Elastizität und werden den wirtschaftlichen Eigenarten der einzelnen Regelungen und der von ihnen betroffenen Wirtschaftszweige gerecht“[39].

---

[33] Bulletin der Europäischen Gemeinschaften, Kommission, Nr. 3-1978 Ziffer 2.1.28., und EG-Kommission, 7. Wettbewerbsrecht (1977), S. 202.

[34] Siehe oben 1. Teil unter II. 1. c).

[35] Siehe *Ipsen*, S. 648 ff.

[36] Siehe EG-Währungsausschuß, S. 153, 175 ff., 180.

[37] Nach *Bleckmann*, S. 278, ist Artikel 67 Absatz I nach Ablauf der Übergangszeit sogar unmittelbar anwendbar geworden; die Beschränkungen des freien Kapitalverkehrs in diesem Artikel und die Diskriminierungen in Artikel 68 Absatz II sind danach auch ohne den Erlaß von Richtlinien (Artikel 69) weggefallen.

[38] *Möschel* (I), S. 538; *Mestmäcker*, S. 652.

Dagegen will *Ipsen* zur Rechtfertigung staatlich bedingter Wettbewerbsbeschränkungen sofort die Regelung des Artikels 90 Absatz II heranziehen, da Artikel 90 als eine Spezialvorschrift für bestimmte Unternehmen eine Bereichsausnahme in Absatz II vorsieht, „ohne daß das darin anerkannte nationale Staatsinteresse darauf angewiesen wäre, um die Gunst einer Kann-Bestimmung gemäß Artikel 85 Absatz III nachzusuchen"[40].

Diese Ansicht übersieht jedoch, daß die Berufung auf Artikel 90 Absatz II gar nicht notwendig wird, wenn über den Freistellungsmechanismus des Artikels 85 Absatz III die gegen Artikel 90 Absatz I verstoßende Maßnahme bereits gerechtfertigt ist[41].

Über Artikel 85 Absatz III lassen sich wettbewerbsbeschränkende Vereinbarungen bzw. in ihren Wirkungen gleichkommende staatliche Regelungen durch eine generelle oder im Einzelfall gewährte Freistellung rechtfertigen, wenn dadurch

(a) zur Verbesserung der Warenerzeugung oder -verteilung[42] oder zur Förderung des technischen oder wirtschaftlichen Fortschritts beigetragen wird,

(b) an dem entstehenden Gewinn die Verbraucher angemessen beteiligt werden,

(c) ohne daß den beteiligten Unternehmen Beschränkungen auferlegt werden, die für die Verwirklichung dieser Ziele nicht unerläßlich sind, und

(d) ohne daß Möglichkeiten eröffnet werden, für einen wesentlichen Teil der betreffenden Waren den Wettbewerb auszuschalten[43].

Artikel 85 Absatz III geht damit von einem Spannungsverhältnis zwischen dem generellen Verbot von Wettbewerbsbeschränkungen — seien sie privater oder hoheitlicher Art — und einem Höchstmaß an technischem und wirtschaftlichem Fortschritt aus und will hier einen Ausgleich schaffen, indem er Wettbewerbsbeschränkungen durch die von ihnen ausgehenden positiven Wirkungen unter Umständen rechtfertigt.

Die in Artikel 85 Absatz III niedergelegten ökonomischen Zielsetzungen passen jedoch schlecht zur Rechtfertigung staatlich bedingter Wettbewerbsbeschränkungen in der Bankwirtschaft. Diese sollen in Frankreich eine effiziente Kontrolle über das Kreditgewerbe zur Durchsetzung wirtschafts- und währungspolitischer Maßnahmen gewährleisten, nicht

---

[39] So *Mestmäcker*, S. 652.

[40] *Ipsen*, S. 664.

[41] Vgl. *Deringer:* Das Wettbewerbsrecht der Europäischen Gemeinschaften, Artikel 90, Anm. 92.

[42] Damit sind nach allgemeiner Ansicht wie in Artikel 85 I auch Dienstleistungen und Kapitalverkehr gemeint, siehe *Möschel* (I), S. 518.

[43] Vgl. *Mestmäcker*, S. 308 ff.; *Goldman:* Europäisches Handelsrecht, S. 264 ff.

dagegen zum technischen und wirtschaftlichen Fortschritt in diesem Wirtschaftsbereich beitragen.

Die Instrumentalisierung der Bankwirtschaft und damit verbundene Wettbewerbsbeschränkungen gehen so nicht mit den Zielen des Artikels 85 Absatz III konform. Dies wird deutlich, wenn man sich die bisherige Praxis der EG-Kommission zu Artikel 85 Absatz III vor Augen hält: es handelte sich hierbei meist um Spezialisierungsvereinbarungen zur Erhöhung der jeweiligen Unternehmensproduktivität und um Alleinvertriebsvereinbarungen zur Verbesserung der Warenverteilung[44]. Parallelen zu staatlichen Wettbewerbsbeschränkungen im Bankgewerbe lassen sich hier kaum ziehen[45].

Zudem ist nicht erkennbar, wie etwa die durch Konditionenkartelle bewirkte Rentabilitätssicherung für Kreditinstitute zu einer angemessenen Beteiligung der Kunden an dem entstehenden Gewinn führen soll; noch weniger ist ersichtlich, daß Wettbewerbsbeschränkungen in der Bankwirtschaft zur Förderung des wirtschaftlichen Fortschritts gar unerläßlich sein sollen[46].

3. Die Anwendung des Artikels 90 Absatz II EWG-Vertrag

Eine Rechtfertigung der Artikel 90 Absatz I widersprechenden staatlich bedingten Wettbewerbsbeschränkungen in der französischen Bankwirtschaft kann sich somit nur noch aus Artikel 90 Absatz II ergeben[47]. Diese Vorschrift, die aus französischer Initiative im Hinblick auf die Träger eines „service public" resultiert[48], richtet sich an *Unternehmen, die mit Dienstleistungen von allgemeinem wirtschaftlichem Interesse betraut sind oder den Charakter eines Finanzmonopols haben,* und soll einen Ausgleich schaffen zwischen dem Gemeinschaftsinteresse an voller Vertragserfüllung auch dieser Unternehmen einerseits und dem legitimen Interesse der Mitgliedstaaten an gemeinwirtschaftlicher Aufgabenerfüllung durch diese Unternehmen andererseits. Deshalb kann das Verhalten dieser Unternehmen hinsichtlich der Einhaltung der Vertragsregeln vom Verhalten der übrigen Unternehmen insoweit abweichen — aber nur insoweit —, als dies für die Erfüllung der ihnen übertragenen besonderen Aufgaben erforderlich ist[49].

---

[44] Vgl. *Goldman,* S. 266 ff.

[45] Vgl. auch *Gleiss / Hootz,* § 102, Anm. 31. Ausnahmen können im Einzelfall etwa staatlich initiierte Rationalisierungsvereinbarungen im Zahlungsverkehr bilden, siehe *Möschel* (I), S. 519, 545.

[46] Siehe *Möschel* (I), S. 519. Auch die von *Möschel* gegen die Berechtigung des § 102 GWB vorgebrachten Gründe können hier eingebracht werden, siehe oben 2. Teil unter IV. 1.

[47] Siehe *Möschel* (I), S. 515.

[48] Dazu *Emmerich,* S. 438.

In der Rechtsprechung des EuGH verlangt dies eine Würdigung der Erfordernisse, die sich einerseits aus der Erfüllung der den fraglichen Unternehmen übertragenen besonderen Aufgaben ergeben und andererseits aus der Wahrung der Gemeinschaftsinteressen[50].

Artikel 90 Absatz II kann somit wie eine Bereichsausnahme entsprechend der in Artikel 85 Absatz III vorgesehenen wirken. Er führt jedoch nicht zur pauschalen Freistellung ganzer Unternehmensbereiche von sämtlichen EWG-Vertragsvorschriften, sondern nimmt Bezug auf bestimmte Unternehmensfunktionen, nämlich die Erfüllung der übertragenen besonderen Aufgaben. Deshalb kann man hier von einer funktionellen Bereichsausnahme sprechen[51]. Die Unternehmen sind insoweit legal von den Vorschriften des EWG-Vertrages einschließlich der Wettbewerbsregeln freigestellt; zugleich liegt in der staatlichen „Betrauung" kein Verstoß gegen das sich an die Mitgliedstaaten richtende Verbot des Artikels 90 Absatz I[52].

Die Ausnahme des Artikels 90 Absatz II erstreckt sich auch auf das Beihilfeverbot in den Artikeln 92 bis 94.

So können die in der französischen Bankwirtschaft den öffentlichen und halböffentlichen Kreditinstituten verliehenen Privilegien zulässig sein, wenn es sich hierbei um Unternehmen im Sinne des Artikels 90 Absatz II handelt und ohne diese Privilegierungen die Erfüllung der ihnen übertragenen besonderen Aufgaben rechtlich oder tatsächlich verhindert würde[53].

a) Normadressaten des Artikels 90 Absatz II

Da sich Artikel 90 Absatz II seinem Wortlaut nach an Unternehmen richtet und von daher als Ausnahme der Artikel 85, 86 angesehen werden kann[54], ist fraglich, ob sich auch die Mitgliedstaaten auf diese Ausnahmeregelung berufen können. Gegen den Wortlaut spricht die systematische Einordnung der Vorschrift: die Einfügung hinter den Artikel 90 Absatz I legt nahe, daß die Ausnahme zur Anwendung kommen soll, wenn ein Mitgliedstaat wegen eines Verstoßes gegen die an ihn gerichtete Verpflichtung des Artikels 90 Absatz I von der Kommission nach

[49] EG-Kommission, 6. Wettbewerbsbericht (1976), S. 166.

[50] EuGH Urt. v. 14. 7. 1971 — Staatsanwaltschaft Luxemburg / Muller, RS 10/71 — Slg. 1971, S. 723, 730; EG-Kommission, 6. Wettbewerbsbericht (1976), S. 167.

[51] *Möschel* (I), S. 520.

[52] *Möschel* (I), S. 521; *Mestmäcker*, S. 654.

[53] *Deringer*, Artikel 90 Anm. 93.

[54] *Vygen*, S. 95.

Absatz III in Anspruch genommen wird. In der Tat unterscheidet Absatz III, welcher die Kommission zum Erlaß von Richtlinien und Entscheidungen an die Mitgliedstaaten ermächtigt, nicht zwischen Absatz I und II[55], so daß man Absatz II auch als eine an die Mitgliedstaaten gerichtete Vorschrift ansehen kann.

Zutreffend dürfte deshalb eine verbindende Auslegung beider Möglichkeiten sein: sowohl die Mitgliedstaaten können sich in einem Verfahren nach Artikel 90 Absatz I und III darauf berufen als auch Unternehmen in einem Verfahren nach Artikel 85 und 86[56]. Dafür spricht weiterhin, daß Artikel 90 Absatz II alle Vorschriften des EWG-Vertrages außer Kraft setzen kann, also auch Artikel 90 Absatz I. Dann müssen sich auch die Mitgliedstaaten als Adressaten einer Bestimmung, von der Artikel 90 Absatz II eine Ausnahme schafft, darauf stützen können[57].

b) Die Tätigkeit der französischen Kreditinstitute als Dienstleistungen von allgemeinem wirtschaftlichem Interesse

Artikel 90 Absatz II betrifft dem Wortlaut nach sowohl öffentliche als auch private Unternehmen. In der Regel wird es sich um öffentliche bzw. mit besonderen Rechten ausgestattete Unternehmen im Sinne des Absatzes I handeln, da andere Unternehmen wohl selten *Dienstleistungen von allgemeinem wirtschaftlichem Interesse* erbringen[58].

Unter *Dienstleistungen* werden hierbei nicht nur solche im Sinne des BGB oder des Artikels 60 des EWG-Vertrages verstanden, sondern ganz allgemein das „Bereithalten, Bereitstellen und Verteilen von Sachleistungen"[59].

Streitig ist, ob es sich bei dem *allgemeinen wirtschaftlichen Interesse* an der Dienstleistung um einen Begriff des Gemeinschaftsrechts oder einen des nationalstaatlichen Rechts handelt[60].

Überwiegend wird letzteres angenommen. Dafür wird angeführt, daß dieses Interesse und die besonderen Aufgaben, die den Unternehmen übertragen sind, eine Freistellung gerade von den Vorschriften des Ver-

[55] Vgl. *Mestmäcker*, S. 654.

[56] *Vygen*, S. 95; *Hochbaum*, S. 1138.

[57] Vgl. *Deringer*, Artikel 90 Anm. 94.

[58] *Hochbaum*, S. 1138; siehe auch EuGH Urt. v. 27. 3. 1974 — BRT/SABAM und FONIOR, RS 127/73 — Slg. 1974, S. 313, 314, der hier ausdrücklich betont, daß Privatunternehmen unter diese Ausnahmevorschrift nur fallen, wenn sie durch Hoheitsakt mit diesen Dienstleistungen betraut sind.

[59] *Hochbaum*, S. 1138 f.; in diesem allgemeinen Sinne auch *Möschel* (I), S. 528, der aus dem systematischen Zusammenhang Identität mit den „übertragenen besonderen Aufgaben" folgert.

[60] *Mestmäcker*, S. 661.

trages rechtfertigen sollen. Auch wäre Satz 2 des Artikels 90 Absatz II überflüssig, wenn das allgemeine wirtschaftliche Interesse mit dem Interesse der Gemeinschaft gleichzusetzen wäre[61].

Aus der Sicht Frankreichs ist danach die Tätigkeit aller französischen Kreditinstitute unzweifelhaft von allgemeinem wirtschaftlichem Interesse. Denn dieses Interesse war der Grund für die Verstaatlichung der vier Großbanken, und noch heute charakterisiert die Rechtsprechung die Tätigkeit des Kreditgewerbes als „service public“[62]. Auf die Bedeutung der französischen Banken für die Planverwirklichung wurde bereits hingewiesen[63].

In der Literatur wird dagegen teilweise noch verlangt, daß dieses nationalstaatliche öffentliche Interesse gemeinschaftsrechtlich anerkannt sein muß und es sich hierbei um ein in allen Mitgliedstaaten einheitliches Kriterium zu handeln hat[64]. Der EuGH hat bisher nicht auf diesen Gesichtspunkt abgestellt, sondern läßt hier den Mitgliedstaaten Spielraum. So können die Mitgliedstaaten auch Fernsehanstalten, soweit es um deren kaufmännische Betätigung geht, als mit Dienstleistungen von allgemeinem wirtschaftlichem Interesse betraute Unternehmen ausgestalten[65]. Im übrigen hielt es der Gerichtshof für ausreichend, wenn ein Unternehmen zur Ausübung einer ihm gesetzlich übertragenen Aufgabe bestimmte Vorrechte genießt und zu diesem Zweck enge Beziehungen mit der öffentlichen Hand unterhält, damit es von Artikel 90 Absatz II erfaßt wird[66].

c) *Betrauung*

Die französischen Kreditinstitute müssen mit den Dienstleistungen von allgemeinem wirtschaftlichem Interesse *betraut* sein[67].

Dies bedeutet in der Rechtsprechung des Gerichtshofes, daß die besondere Aufgabe einem Unternehmen durch Hoheitsakt übertragen ist[68].

[61] *Hochbaum*, S. 1139.

[62] Siehe oben 2. Teil unter II. 1. a).

[63] 2. Teil unter IV. 2.

[64] *Mestmäcker*, S. 662 f., der die Pflicht zur Dienstleistung sogar entgegen dem unternehmerischen Eigeninteresse als Kriterium betont; und *Emmerich*, S. 452 f.

[65] EuGH Urt. v. 30. 4. 1974 — Sacchi, RS 155/73 — Slg. 1974, S. 409, 431.

[66] EuGH Urt. v. 14. 7. 1971 — Staatsanwaltschaft Luxemburg / Muller, RS 10/71 — Slg. 1971, S. 723, 730.

[67] Nach *Hochbaum*, S. 1140, zeigt die unterschiedliche rechtliche Bedeutung der in den verschiedenen Vertragssprachen gewählten Fassung (betraut, chargé, incaritato, belast, charged), daß es auf die rechtliche Form der Betrauung nicht ankommt.

[68] EuGH Urt. v. 27. 3. 1974 — BRT/SABAM und FONIOR, RS 127/73 — Slg. 1974, S. 313, 314; ebenso EG-Kommission, 8. Gesamtbericht (1975), S. 320.

Es genügt also nicht, wenn ein Unternehmen Dienstleistungen von allgemeinem wirtschaftlichem Interesse nur tatsächlich erbringt, selbst wenn diese Tätigkeit von der öffentlichen Hand überwacht wird[69].

Diese Voraussetzungen sind bei den öffentlichen und halböffentlichen Kreditinstituten sicher zu bejahen. Sie wurden für ihre speziellen Aufgaben vom Staat erst geschaffen, der ihnen damit im Gründungsakt — in ihren Spezialstatuten — Sonderaufgaben übertrug[70].

Fraglich ist dies für die Institute des wettbewerblichen Banksektors. Denn die Tatsache, daß diese Unternehmen eine Berufsausübungserlaubnis benötigen und der Bankenaufsicht unterliegen, stellt noch nicht notwendig eine „Betrauung" dar. So verneinte die Kommission eine Betrauung der GEMA, da diese weder in den Vorschriften des Gesetzes über die Wahrnehmung von Urheberrechten und verwandten Schutzrechten noch in der der GEMA aufgrund von § 1 dieses Gesetzes erteilten Erlaubnis zu sehen sei. Das Gesetz sehe nur vor, daß die GEMA bestimmte, ihr Finanzgebaren betreffende Verpflichtungen zu erfüllen habe, „wie das beispielsweise bei Banken und Versicherungen der Fall sei"[71].

Untersucht man die französischen Bankgesetze in entsprechender Weise, so gelangt man zu der Auffassung, daß diese zwar die jeweilige Banktätigkeit definieren, aber ausdrücklich nur die Aufsichtsorgane mit der Wahrnehmung des allgemeinen wirtschaftlichen Interesses betrauen[72]. Denn der Bankaufsicht ist die Aufgabe zugewiesen, im allgemeinen oder lokalen wirtschaftlichen Interesse die Berufsausübungserlaubnis zu erteilen, aus demselben Grunde Filialschließungen oder Bankfusionen vorzunehmen, Investitionspläne zur Planfinanzierung zu erarbeiten, Zinsregelungen und Kreditbegrenzungsnormen zu erlassen[73] u. a. m., während die Bankunternehmen diese Weisungen jeweils nur zu befolgen haben.

Andererseits gestattet Artikel 90 Absatz II der Sache nach den Mitgliedstaaten, im allgemeinen wirtschaftlichen Interesse bestimmten Unternehmen besondere Aufgaben zu übertragen, selbst wenn das zur Folge haben muß, daß sich die Unternehmen gerade durch die Erfüllung der ihnen auferlegten Verpflichtungen den Vertragsregelungen zuwider verhalten[74]. Genau dies ist bei den Bankunternehmen der Fall:

[69] *Hochbaum*, S. 1140; ebenso *Deringer*, Artikel 90 Anm. 81.

[70] Vgl. *Deringer*, Artikel 90 Anm. 79.

[71] Entscheidung der EG-Kommission vom 2. 6. 1971 in ABl. L 134/15.

[72] Vgl. *Emmerich* zum KWG, S. 464 f.

[73] Artikel 10 und 34 des Gesetzes vom 13. 6. 1941, Artikel 13 des Gesetzes vom 2. 12. 1945.

[74] So *Emmerich*, S. 450 und 438 ff., mit einem Verweis auf die Entstehungsgeschichte.

durch die Erfüllung der ihnen von der Bankaufsicht unzweifelhaft im allgemeinen wirtschaftlichen Interesse auferlegten Verpflichtungen verstoßen sie gegen die Wettbewerbsvorschriften. Insofern kann man in ihrer gesetzlich begründeten Inpflichtnahme — beispielsweise in den Anordnungen der Bankaufsicht, bestimmte Zinssätze anzuwenden — die Übertragung der besonderen Aufgaben sehen[75].

Eine klärende Stellungnahme des EuGH zu dieser Frage steht allerdings noch aus.

d) Die Verhinderung der Erfüllung der besonderen Aufgaben

Die Vertragsvorschriften, insbesondere die Wettbewerbsregeln gelten nur insoweit, als dadurch nicht den Unternehmen die Erfüllung ihrer besonderen Aufgaben unmöglich gemacht wird. Es genügt nicht, daß die Aufgaben der hier in Frage stehenden Kreditinstitute erschwert oder behindert werden; vielmehr dürfte es für die Bankunternehmen keinen anderen technisch möglichen oder wirtschaftlich gangbaren Weg geben, ihren Aufgaben ohne Verletzung des Vertrages nachzukommen[76].

Diese Unerläßlichkeitsprüfung führt zu dem Schluß, daß kaum eine der staatlich bedingten Wettbewerbsbeschränkungen in der französischen Bankwirtschaft unbedingt notwendig ist, damit Zahlungsverkehr, Einlagensammlung, Kreditverteilung usw. von den Kreditinstituten ordnungsgemäß durchgeführt werden können. Der Wegfall von Bedürfnisprüfung, Zinsfestsetzungen, Kreditbegrenzungsnormen und Spezialisierungsregeln würde die Aufgabenerfüllung der Bankunternehmen nicht verhindern; dies zeigt ein Blick auf die Bankwirtschaft in der Bundesrepublik Deutschland, wo keine der gerade erwähnten Wettbewerbsbeschränkungen existieren. Die Beweislast dafür, daß die Anwendung der Wettbewerbsvorschriften mit der Aufgabenerfüllung der Kreditinstitute unvereinbar sei, läge zudem bei Frankreich[77].

Hierbei ist jedoch die Bedeutung der Kreditinstitute für die Wirtschafts- und Währungspolitik der Mitgliedstaaten noch nicht berücksichtigt, aus der sich möglicherweise eine andere Wertung ergeben kann. Denn die genannten staatlich bedingten Wettbewerbeschränkungen sind in Frankreich nicht geschaffen worden, um dem Bankgewerbe die

---

[75] *Möschel* (I), S. 540; *Emmerich*, S. 465 f. Die von *Gleiss / Hirsch*, S. 401, vertretene Auffassung, daß u. a. Versicherungen und Banken nicht zu den betrauten Unternehmen i. S. d. Artikels 90 Absatz II gehören, ist in dieser Form zu generell. Sie mag u. U. für die Verhältnisse in Deutschland zutreffen; jedoch ist eine von Mitgliedstaat zu Mitgliedstaat durchaus unterschiedlich ausfallende Sachverhaltsbeurteilung denkbar.

[76] *Bleckmann*, S. 338; ebenso *Mestmäcker*, S. 664 f.

[77] EuGH Urt. v. 30. 4. 1974 —Sacchi, RS 155/73 — Slg. 1974, S. 409, 431.

Durchführung von Einlagen- und Kreditgeschäften zu ermöglichen, sondern primär, um wirtschafts- und währungspolitische Maßnahmen durchsetzen zu können[78].

Im Bereich der Wirtschafts- und Währungspolitik hält sich der EWG-Vertrag aber zurück und überläßt die Verantwortlichkeit dafür nach den Artikeln 103 ff. weitgehend den Mitgliedstaaten[79]. Es sind hier nur Koordinierungen (Artikel 105) und Konsultationspflichten vorgesehen (Artikel 103 Absatz I, 107), und nach Artikel 104 soll jeder Mitgliedstaat die Wirtschaftspolitik betreiben, die erforderlich ist, um unter Wahrung eines hohen Beschäftigungsstandes und eines stabilen Preisniveaus das Gleichgewicht seiner Zahlungsbilanz zu sichern und das Vertrauen in seine Währung zu erhalten.

Bei der engen Einbindung der Kreditinstitute in diese den Mitgliedstaaten überlassene freie Gestaltung der Wirtschafts- und Währungspolitik wird häufig gefolgert, daß es dann den Mitgliedstaaten auch überlassen bleiben muß, in welcher Weise sie sich dabei der Bankwirtschaft bedienen[80]. Wenn beispielsweise Frankreich Bedürfnisprüfung, hoheitliche Zinsfestsetzungen, Kreditbegrenzungsnormen u. a. als eine wirtschafts- und währungspolitisch notwendige Maßnahme ansieht, so würde dies vom Gemeinschaftsrecht akzeptiert und damit über Artikel 90 Absatz II gerechtfertigt[81].

Daß diese Argumentation nicht zwingend ist, zeigt allerdings eine Entscheidung des EuGH, die — ähnlich wie im vorliegenden Fall staatlich bedingter Wettbewerbsbeschränkungen in der Bankwirtschaft — den Konflikt zwischen Wettbewerbsrecht und währungspolitischer Zuständigkeit der Mitgliedstaaten zum Hintergrund hatte[82].

Die französische Republik hatte über die Zentralbank einen Vorzugsdiskontsatz für Forderungen aus Ausfuhrgeschäften eingeführt. Die Kommission stellte den Unterschied zwischen diesem Vorzugssatz und dem gewöhnlichen Rediskontsatz fest und forderte Frankreich auf, diese Differenz in einem vorgeschriebenen Zeitraum abzubauen.

Da Frankreich darauf nicht reagierte, reichte die Kommission Klage wegen Verletzung von Vertragsverpflichtungen ein. Frankreich seinerseits vertrat die Auffassung, daß die Entscheidung der Kommission wegen Inkompetenz nichtig gewesen sei: die Festsetzung des Diskont-

---

78 Siehe die historische Entwicklung oben 1. Teil, Kapitel II. vor 1.

79 *Möschel* (I), S. 482 f., 536, 547.

80 *Gleiss / Hootz*, § 102 Anm. 32.

81 Siehe *Möschel* (I), S. 537, 547; ebenso *Gleiss / Hootz*, § 102 Anm. 32.

82 EuGH Urt. v. 10. 12. 1969 — Kommission / Französische Republik, RS 6 und 11/69 — Slg. 1969, S. 523—609, wieder zitiert in EG-Kommission, 6. Wettbewerbsbericht (1976), S. 142, und 7. Wettbewerbsbericht (1977), S. 200.

satzes gehöre unmittelbar zur Währungspolitik, für die ausschließlich die Mitgliedstaaten zuständig seien; hier stünde es der Kommission nicht zu, eine Maßnahme vorzuschreiben.

Die Kommission dagegen hatte in dem Vorzugsrediskontsatz eine Beihilfe gesehen, die Wettbewerbsverzerrungen zur Folge haben könnte[83].

Der Gerichtshof ist der Kommission gefolgt. Er entschied, daß die den Gemeinschaftsorganen gegebenen Ermächtigungs- und Eingriffsbefugnisse gegenstandslos wären, wenn die Mitgliedstaaten unter dem Vorwand, ihr Vorgehen falle ausschließlich unter die Währungspolitik, einseitig und ohne der Kontrolle dieser Organe unterworfen zu sein, von den sich aus den Vertragsbestimmungen für sie ergebenden Verpflichtungen abweichen dürften. Zu den Vertragsvorschriften gehöre auch Artikel 92, über dessen Einhaltung die Kommission zu wachen habe[84].

Eine vergleichbare Argumentation des Gerichtshofes läßt sich weiterhin bei der Auseinandersetzung um die Vereinbarkeit nationaler Preisvorschriften mit Artikel 30 feststellen.

Auch hier hatte der EuGH schon frühzeitig das Argument verworfen, daß nationale Preisregelungen als Teil der den Mitgliedstaaten gemäß Artikel 103 grundsätzlich vorbehaltenen Konjunkturpolitik der Kontrolle am Maßstab des Vertrages entzogen sei[85].

Die Entscheidungen machen deutlich, daß nach der Rechtsprechung des EuGH die Mitgliedstaaten auch bei wirtschafts- und währungspolitischen Maßnahmen die Wettbewerbsregeln des Vertrags zu beachten haben und sich diesen nicht unter Hinweis auf ihre wirtschafts- und währungspolitische Kompetenz ohne weiteres entziehen können. Die zur Rechtfertigung staatlicher Wettbewerbsbeschränkungen im Kreditgewerbe üblicherweise herangezogenen Gesichtspunkte sind von daher nicht überzeugend.

4. Der Abbau staatlich bedingter Wettbewerbsverzerrungen durch eine Harmonisierung der Bankgesetze

Es handelt sich bei der Anwendung und Auslegung des Artikels 90 Absatz II letztlich um eine vom Integrationsstand der Gemeinschaft ab-

---

[83] Siehe auch oben 3. Teil, Kapitel II. 1. b) am Ende.

[84] EuGH a.a.O., S. 540.

[85] EuGH Urt. v. 26. 2. 1976 — SADAM / interministerieller Preisausschuß, RS 88 bis 90/75 — Slg. 1976, S. 323, 339; *Deringer / Sedemund:* Europäisches Gemeinschaftsrecht, in: NJW 1978, S. 1087—1092 (1089).

Zum Verhältnis von nationalen Preisregelungen und Gemeinschaftsrecht auch EuGH Urt. v. 16. 11. 1977 — RS 13/77 — und Urt. v. 24. 1. 1978 — RS hängige Frage. Denn die konsequente Anwendung der Wettbewerbsregeln auf die Bankwirtschaft würde der Kommission erlauben, in die Wirtschafts- und Währungspolitik der Mitgliedstaaten einzugreifen — vom Wettbewerbsrecht unzweifelhaft gedeckt —, ohne daß ihr wirtschafts- und währungspolitische Kompetenzen nach dem EWG-Vertrag zustehen oder sie zur Zeit in der Lage wäre, auf eine gemeinschaftliche europäische Konzeption zu verweisen[86].

Um Widerständen der Mitgliedstaaten vorzubeugen, ist es unter diesen Umständen folgerichtig, wenn die Kommission versucht, Wettbewerbsverzerrungen im Bankgewerbe zwischen den Mitgliedstaaten nicht durch einen Rückgriff auf Artikel 90 Absatz III oder in einem Verfahren nach Artikel 169, sondern in einem stufenweisen Vorgehen durch eine Koordinierung der Rechtsvorschriften zu beseitigen, um auf diese Weise gleiche Wettbewerbsbedingungen zwischen den Kreditinstituten allmählich herzustellen[87].

Diese Bemühungen gehen allerdings nur sehr langsam voran. So wurde der Vorschlag für eine erste Richtlinie zur Koordinierung der Rechts- und Verwaltungsvorschriften über die Aufnahme und Ausübung der Tätigkeit der Kreditinstitute vom 15. 12. 1974[88] erst am 12. 12. 1977 vom Ministerrat verabschiedet[89].

Zudem sind die in der Richtlinie zunächst vorgesehenen Mindestvoraussetzungen für ein in allen Mitgliedstaaten gleichartiges Zulassungsverfahren recht vage. Vorgesehen ist jedoch gegen den ursprünglichen Widerstand Frankreichs, Italiens und Irlands der Abbau objektiver Zulassungsvoraussetzungen[90]. Dies wird für Frankreich den Wegfall der Bedürfnisprüfung bei der Neueröffnung einer Bank bedeuten.

Zu den Koordinierungsfragen soll ein Beratender Ausschuß, der sich aus drei Vertretern eines jeden Mitgliedstaates und Vertretern der

---

82/77 —, beide abgedruckt in NJW 1978, S. 1101 f., 1102 f.; für die hier vorliegende Fragestellung jedoch nicht einschlägig.

[86] Vgl. *Emmerich*, S. 423; *Hertz*, S. 9.

[87] Siehe EG-Kommission, 7. Gesamtbericht (1974), S. 143; 8. Gesamtbericht (1975), S. 84; 9. Gesamtbericht (1976), S. 105; 10. Gesamtbericht (1977), S. 112. Ergänzende Entwürfe zum Schutz von Angebot und Nachfrage am Kreditmarkt sind von der Kommission geplant (ebenda). Vgl. zum Ganzen mit synoptischer Gegenüberstellung des Bankaufsichtsrechts in den EG-Staaten: *Römer:* Harmonisierung der Bankenaufsicht in der Europäischen Gemeinschaft, S. 122 ff.

[88] ABl. C 12 vom 17. 1. 1975, S. 7; dazu auch Centre d'Etudes Bancaires et Financières: CEE Harmonisation bancaire — Quid?, S. 19 ff.

[89] Erste Richtlinie des Rates vom 12. 12. 1977 zur Koordinierung der Rechts- und Verwaltungsvorschriften über die Aufnahme und Ausübung der Tätigkeit der Kreditinstitute, ABl. L 322/30 vom 17. 12. 1977.

[90] Vgl. Le nouveau projet européen de directive d'harmonisation bancaire reste trop vague (o. V.), in: Correspondance Economique vom 4. 7. 1975, S. 6 f.

Kommission zusammensetzt, gehört werden. Er soll insbesondere Vorschläge für einheitliche Bilanzierungsvorschriften und Eigenkapital- und Liquiditätskoeffizienten entwickeln. Weitere Richtlinien zur Festlegung der Wettbewerbsbedingungen im Kreditsektor, Regeln für die Struktur der Banken, für die Erstellung des Jahresabschlusses usw. sind langfristig geplant[91].

Ein Hemmnis für die Errichtung eines echten gemeinsamen Marktes der Kreditinstitute wird voraussichtlich noch lange Zeit der für Frankreich wichtige Bereich der öffentlichen und halböffentlichen Kreditinstitute bilden. So betrifft die genannte erste Richtlinie vom 12. 12. 1977 von vornherein nicht die Zentralbank, die Postscheckämter, die Caisse des Dépôts et Consignations, den Crédit Foncier und den Crédit National. Daneben werden wahrscheinlich auch die anderen Institute des öffentlichen und halböffentlichen Kreditsektors auf Grund ihrer besonderen aufsichtsrechtlichen Stellung bei den Harmonisierungsbestrebungen des Bankenaufsichtsrechts zunächst beiseite gelassen[92].

III. Die Beurteilung der privaten Wettbewerbsbeschränkungen

Die französischen Kreditinstitute unterliegen als Unternehmen grundsätzlich den Artikeln 85 und 86[1]. Für sie als „öffentliche Unternehmen" im Sinne des Artikels 90 Absatz I und II folgt dies aus der uneingeschränkten Einbeziehung dieser Unternehmen in der Überschrift des Abschnitts Eins vor Artikel 85 sowie insbesondere aus Artikel 90 Absatz II[2].

Auch der EuGH vertritt diese Ansicht, soweit das Marktverhalten solcher Unternehmen in Frage steht[3]. Weiterhin hat der EuGH inzwischen klargestellt, daß die Wettbewerbsregeln im Rahmen des Artikels 90 Rechte der einzelnen begründen, welche die nationalen Gerichte zu wahren haben[4].

Die im Rahmen des Bankenverbandes von den französischen Kreditinstituten getroffenen Zinsabsprachen widersprechen Artikel 85. Auf die Ausführungen zu den staatlichen Zinsfestsetzungen kann insoweit verwiesen werden.

Sie können auch nicht dadurch gerechtfertigt werden, daß der Bankenverband, in dessen Commission technique die Zinsempfehlungen

---

[91] Siehe EG-Kommission, 7. Gesamtbericht (1974), S. 143.

[92] Vgl. die Richtlinie vom 12. 12. 1977, Artikel 2 (5).

[1] Siehe oben 3. Teil, Kapitel I.

[2] Siehe *Bleckmann*, S. 335; *Gleiss / Hirsch*, S. 396.

[3] EuGH Urt. v. 30. 4. 1974 — Sacchi, RS 155/73 — Slg. 1974, S. 409, 430 f.

[4] EuGH ebenda, S. 431, und Urt. v. 9. 6. 1977 — Van Ameyde / Uci, RS 90/76 — in: NJW 1977, S. 2012 f. gegen Urt. v. 14. 7. 1971 — Staatsanwaltschaft Luxemburg / Muller, RS 10/71 — Slg. 1971, S. 723, 730.

ausgearbeitet werden, nicht nur eine Berufsvertretung der Banken, sondern zugleich ein Organ staatlicher Bankenaufsicht ist. Denn die Artikel 24 ff. des Gesetzes vom 13. 6. 1941 weisen dem Bankenverband zwar Überwachungs- und Disziplinarfunktionen zu, nicht aber die Aufgabe, wettbewerbsbeschränkende Maßnahmen zu initiieren. Die Kommission hat zu einem ähnlichen Sachverhalt entschieden, daß Unternehmensvereinigungen, denen durch ein Dekret Aufgaben übertragen worden sind[5], sich nicht der Anwendung der Wettbewerbsregeln entziehen und die Verantwortung für ihr Verhalten auf den Staat abwälzen können, wenn sie über den Rahmen ihrer Aufgaben hinausgehen und marktregulierende Maßnahmen treffen, die ein einheitliches Verhalten ihrer Mitglieder und somit eine Wettbewerbsbeschränkung bezwecken oder bewirken[6].

Andererseits unterschied bei ihrer Beurteilung privater Wettbewerbsbeschränkungen im Banksektor die Kommission in ihrem Zweiten Wettbewerbsbericht zwischen Vereinbarungen, die von Kreditinstituten in ihrer Qualität als kommerzielle Unternehmen abgeschlossen werden, und Vereinbarungen, die eng mit der Wirtschafts- und Währungspolitik der Mitgliedstaaten verbunden sind[7]. So können nach Meinung der Kommission von den nationalen Währungsbehörden genehmigte oder gebilligte Vereinbarungen über Zinssätze — wie sie in Frankreich vorliegen — als ein währungspolitisches Instrument der Mitgliedstaaten angesehen werden. Dasselbe könne für andere Vereinbarungen zwischen Banken zutreffen, sofern sie eine unerläßliche Ergänzung der Zinsvereinbarungen darstellen. Die Kommission hat erwogen, für diese Fallkonstellationen eine Regelung nach Artikel 87 Absatz II c zu treffen[8].

Diese Zurückhaltung der Kommission bei der Anwendung der Wettbewerbsvorschriften auf Wettbewerbsbeschränkungen, die einen währungspolitischen Einschlag haben und mit Billigung staatlicher Aufsichtsbehörden getroffen werden, ließe im Ergebnis der Bankwirtschaft einen beachtlichen Freiraum für private Kartellierungen. Zum einen haben Bankgeschäfte ohne währungspolitischen Bezug einen marginalen

---

[5] Zu den hier bestehenden Fragen *Müller-Graff:* Intermediäre Marktverbände im Wettbewerbs- und Warenzeichenrecht des EWG-Vertrages, in: Juristenzeitung 1977, S. 632—637.

[6] Entscheidung der Kommission vom 26. 7. 1976 — Pabst & Richarz / BNIA — in ABl. L 231 vom 21. 8. 1976, S. 24 ff., und 6. Wettbewerbsbericht (1976), S. 77 f. In der genannten Entscheidung, a.a.O., S. 27, führt die Kommission allerdings aus, daß der wettbewerbsbeschränkende Beschluß der Unternehmensvereinigung weder vom Staat auferlegt noch auf einer anderen Intervention des französischen Staates beruhe. Mit dieser Formulierung will sich die Kommission bei staatlich initiierten Wettbewerbsbeschränkungen möglicherweise eine andere Betrachtungsweise offenhalten.

[7] Zweiter Wettbewerbsbericht (1973), S. 65 f.

[8] Zweiter Wettbewerbsbericht (1973), S. 65 f.

Charakter, zum anderen zeigen Erfahrungen mit Fachaufsichtsbehörden, daß sich diese tendenziell mit den Interessen der zu beaufsichtigenden Unternehmen identifizieren und von daher wettbewerbsbeschränkenden Maßnahmen im Zweifel billigend gegenüberstehen[9].

Strengere Maßstäbe gegenüber Unternehmen im Sinne des Artikels 90 und damit auch gegenüber der Bankwirtschaft läßt jedoch nunmehr der 6. Wettbewerbsbericht der Kommission erkennen. Danach können zweifellos die „öffentlichen Unternehmen" auf nationaler Ebene ein besonders brauchbares Insterument zur Durchsetzung von wirtschafts- und sozialpolitischen Zielen darstellen; andererseits sei es jedoch unerläßlich, daß die Mitgliedstaaten dafür Sorge tragen, daß das Verhalten dieser Unternehmen mit dem Vertrag übereinstimme. Der freie Waren- und Dienstleistungsverkehr sowie die Einheit des Gemeinsamen Marktes könnten nicht gewährleistet werden, wenn das Verhalten bestimmter Unternehmensgruppen der Anwendung der Vertragsbestimmungen entzogen werden könnte. Dies gelte sowohl für die auf die Unternehmen anwendbaren Bestimmungen wie für die Regeln, die den Mitgliedstaaten Pflichten auferlegen[10].

Die Kommission sieht somit den instrumentellen Einsatz öffentlicher Unternehmen für wirtschaftspolitische Ziele grundsätzlich nicht mehr als einen Grund für die Freistellung dieser Unternehmen von den Wettbewerbsregeln. Für die Bankwirtschaft läßt sich daraus möglicherweise ableiten, daß die Kommission von der Bankaufsicht gebilligte Zinsvereinbarungen in Zukunft trotz ihres währungspolitischen Charakters in vollem Umfang den Wettbewerbsvorschriften unterwerfen wird.

In der Literatur wird dagegen vielfach für Vereinbarungen von Kreditinstituten, die eng mit der Wirtschafts- und Währungspolitik der Mitgliedstaaten verbunden sind, eine Heranziehung des Artikels 90 Absatz II befürwortet, da die Verantwortlichkeit für solche privaten Wettbewerbsbeschränkungen letztlich bei den Mitgliedstaaten und ihrer vom Gemeinschaftsrecht nicht in Frage gestellten Politik liege[11]. Diesem Argument steht jedoch neben der eben erwähnten Stellungnahme der Kommission auch die bereits zitierte Rechtsprechung des EuGH entgegen: Danach entbindet die Verantwortlichkeit der Mitgliedstaaten für ihre Wirtschafts- und Währungspolitik diese nicht von den Verpflichtungen des EWG-Vertrages, insbesondere seiner Wettbewerbsregeln[12].

[9] Siehe *Möschel* (II), S. 355 mit weiteren Nachweisen.

[10] EG-Kommission, 6. Wettbewerbsbericht (1976), S. 168 f.

[11] So bereits *Villaret:* Comment appliquer aux activités bancaires les règles de concurrence du Traité de la CEE?, in: Banque 1962, S. 511—517 (516); *Gleiss / Hootz,* § 102 Anm. 32; siehe auch *Möschel* (I), S. 543 f.

[12] Siehe oben 3. Teil, Kapitel II. 3. d) am Ende.

Das bloße Einvernehmen staatlicher Stellen mit den privaten Zinsvereinbarungen der Bankunternehmen kann solche Vereinbarungen dann nicht rechtfertigen.

Im übrigen sind bei den Zinsabsprachen die Voraussetzungen des Artikels 90 Absatz II auch deshalb sehr zweifelhaft, weil die strikte Beachtung der Wettbewerbsvorschriften nicht die Erfüllung der den Kreditinstituten übertragenen besonderen Aufgaben verhindern, sondern im Gegenteil den von der Bankaufsicht mit den Bankreformen verfolgten Zielen gerade entsprechen würde: Als Mitte der 60er Jahre der Nationale Kreditrat die Sollzinsregelungen aufhob und die Habenzinsregelungen lockerte, war es ein damit ausdrücklich beabsichtigtes Ziel, Wettbewerb an die Stelle des bis dahin staatlich garantierten Profits der Banken treten zu lassen[13].

Eine Rechtfertigung für die Zinsvereinbarungen der Kreditinstitute läßt sich somit aus Artikel 90 Absatz II kaum herleiten. Inwieweit die Kommission allerdings aufgrund der währungspolitischen Implikationen dieser Absprachen hiergegen tatsächlich einschreiten wird, bleibt abzuwarten.

Die Frage vereinheitlichter allgemeiner Geschäftsbedingungen, bei denen eine währungspolitische Bedeutung ausgeschlossen werden kann, spielt in Frankreich keine Rolle[14]. Bei den internationalen Kooperationsabkommen, an denen auch die französischen Banken beteiligt sind[15], sah die Kommission bisher noch keinen konkreten Anlaß zum Tätigwerden.

IV. Ergebnis

Trotz der Reformen von 1966/67, die marktwirtschaftliche Elemente in die französische Bankwirtschaft einführten, ist die Ordnungsstruktur des französischen Kreditgewerbes nach wie vor durch staatliche Interventionen und Marktregelungen mit wettbewerbshemmendem Charakter stark geprägt.

Zwar wurden im Bereich der eingeschriebenen Banken durch die Bankreformen die gesetzliche Bankenspezialisierung abgemildert und die Bedürfnisprüfung bei einer Filialgründung aufgehoben. Gleichzeitig wurden jedoch die Marktzutrittsschranken durch kräftige Anhebung der Kapitalminima verschärft und die Konzentrationsentwicklung beschleunigt. An die Stelle des Legalkartells im Bereich der Sollzinsen traten Konditionenlisten des französischen Bankenverbandes.

[13] Siehe oben 1. Teil unter III. 1. b).

[14] Siehe oben 1. Teil, Kapitel IV. 3.

[15] Siehe oben 1. Teil, Kapitel IV. 5.

Kennzeichnend für die heutige Ordnungsstruktur der eingeschriebenen Banken sind hoheitliche Zinsfestlegungen im Masseneinlagengeschäft, Kreditplafondierungen, Eigenkapital- und Liquiditätsrichtsätze, die in abgemilderter Form fortbestehende Begrenzung der Geschäftstätigkeit durch die Bankenstatuten und die immer noch vorhandene Bedürfnisprüfung bei der Neugründung einer Bank. Solche Regelungen entsprechen in ihren Wirkungen Preis-, Absatz-, Quoten- und Spezialisierungskartellen, wobei durch die Bedürfnisprüfung den einzelnen Kreditinstituten eine Mindestrendite staatlich gesichert ist.

Außerdem genießen die öffentlichen und halböffentlichen Kreditinstitute, deren Tätigkeiten in Spezialgesetzen genau und umfassend vorgeschrieben sind, steuerliche Vorteile und andere wettbewerbsverzerrende Vergünstigungen.

Der instrumentale Einsatz der Bankwirtschaft für wirtschafts- und währungspolitische Ziele wird besonders bei diesen und bei der Einbeziehung der Banken in die selektive Kreditpolitik des Nationalen Kreditrates deutlich.

Das französische Wettbewerbsrecht, das in seinem Kernbestand von den Artikel 50 ff. der Preisverordnung von 1945 gebildet wird — erweitert durch das Konzentrationsgesetz vom 19. 7. 1977 — ist seit den Bankreformen im Grundsatz auf die Bankwirtschaft anwendbar. Auch sind die Konditionenlisten des französischen Bankenverbandes mit dem Verbot des Artikels 50 Absatz I dieser Preisverordnung unvereinbar, wenn man die Gutachten der Wettbewerbskommission zu vergleichbaren Kartelltatbeständen heranzieht. Jedoch hat sich bisher weder die Rechtsprechung noch die Wettbewerbskommission mit der Bankwirtschaft unter wettbewerbsrechtlichen Gesichtspunkten beschäftigt, und es ist auch nicht wahrscheinlich, daß dies in Zukunft geschehen wird. Insofern ist die Stellung der Bankwirtschaft im französischen Wettbewerbsrecht mit der Bereichsausnahmeregelung des § 102 GWB vergleichbar.

Die Gründe für die faktische „Nichtanwendung" des Wettbewerbsrechts auf die Bankwirtschaft dürften im Wesentlichen folgende sein: auf Grund des vorherrschenden staatlichen Einflusses in der Bankwirtschaft können private Absprachen in diesem Bereich nicht ohne Wissen und Billigung der Bankaufsicht, letztlich des dafür zuständigen Wirtschafts- und Finanzministers, verwirklicht werden. Es sind daher nur solche Wettbewerbsbeschränkungen im Rahmen privater Initiativen möglich, die von staatlichen Stellen für wirtschaftlich zweckmäßig und vernünftig gehalten werden. Solche Kartelle brauchen das französische Wettbewerbsrecht nicht zu fürchten. Dieses ist an allgemeinen wirtschaftspolitischen Zielsetzungen ausgerichtet und wird nach Zweckmäßigkeitsgesichtspunkten gehandhabt, wobei in der Praxis der Wettbewerbskommission weniger der Schutz der Wettbewerbsordnung, sondern das Marktergebnis im Vordergrund steht. Soweit es überhaupt zu einem Verfahren kommt, lassen sich Absprachen zudem über den weitgefaßten Ausnahmetatbestand des „bilan économique" in Artikel 51 Satz 2 rechtfertigen.

Die institutionelle Verquickung von Banken- und Kartellaufsicht in der Person des Wirtschafts- und Finanzministers macht eine Anwendung des Wettbewerbsrechts auf die Bankwirtschaft vollends unwahrscheinlich. Denn der Wirtschafts- und Finanzminister entscheidet über die Ingangsetzung eines Kartellverfahrens. Ehe er ein Verfahren in einem Wirtschaftsbereich anstrengt, in dem er selbst mit weitestgehenden Einflußmöglichkeiten Aufsicht führt und in dem der Staat Eigentümer der drei marktbeherrschenden Unternehmen ist, wird er eventuell auftretende Unverträglichkeiten zwischen Wettbewerbsrecht und Bankwirtschaft auf informelle Weise abstellen.

Das französische Wettbewerbsrecht, das keine Bereichsausnahme zugunsten der Bankwirtschaft vorsieht und damit von seinem Wortlaut her den europäischen Wettbewerbsregeln näher steht als das deutsche, bildet somit keine wirksame Schranke gegen Kartellisierungsmaßnahmen in einem Wirtschaftsbereich, der wie die Bankwirtschaft unter starkem staatlichen Einfluß steht.

Fraglich ist, inwieweit der EWG-Vertrag dieses Ergebnis billigt. Grundlage des Gemeinsamen Marktes ist eine Zollunion, innerhalb derer nicht Wettbewerbsbeschränkungen und hoheitliche Eingriffe, sondern ein umfassendes System unverfälschten Wettbewerbs (Artikel 3 Buchstabe f EWG-Vertrag) die Steuerung der ökonomischen Prozesse zur Erreichung der in Artikel 2 niedergelegten Ziele übernehmen soll. Die zahlreichen staatlichen Wettbewerbsbeschränkungen im französischen Kreditgewerbe und dessen instrumentaler Einsatz für wirtschafts- und währungspolitische Zwecke stimmen mit diesen Zielvorstellungen nicht überein.

Zudem haben die sich auf das gesamte Gebiet Frankreichs erstreckenden staatlich bedingten Wettbewerbsbeschränkungen in der Rechtsprechung des Europäischen Gerichtshofes schon ihrem Wesen nach die Wirkung, die gegenseitige Abschließung der Märkte auf nationaler Ebene zu verfestigen und die vom EWG-Vertrag gewollte gegenseitige wirtschaftliche Durchdringung zu verhindern. Sie verstoßen deshalb gegen Artikel 90 Absatz I EWG-Vertrag. Ebenso widersprechen die Konditionenlisten des französischen Bankenverbandes Artikel 85 EWG-Vertrag.

Staatliche und private Wettbewerbsbeschränkungen in der Bankwirtschaft lassen sich auch nur schwerlich durch Artikel 90 Absatz II EWG-Vertrag rechtfertigen. Zum einen ist das Kreditgewerbe nach diesem Absatz von der Befolgung der Wettbewerbsregeln nur freigestellt, wenn andernfalls die Erfüllung der ihm übertragenen Aufgaben unmöglich würde. Dies ist zumindest bei den staatlichen und privaten Zinsfestsetzungen sehr fraglich.

Zum andern ist auch der Hinweis auf die Einbindung der Kreditinstitute in die staatliche Wirtschafts- und Währungspolitik nicht überzeugend. Zwar steht diese nach dem EWG-Vertrag weitgehend zur Disposition der Mitgliedstaaten, jedoch haben die Mitgliedstaaten hierbei nach der Rechtsprechung des Europäischen Gerichtshofes die Vertragsbestimmungen und insbesondere die Wettbewerbsregeln des EWG-Vertrages zu beachten und dürfen nicht einseitig von den sich daraus ergebenden Verpflichtungen abweichen.

Die Durchsetzung dieser Grundsätze gegenüber den Mitgliedstaaten ist allerdings ein politisches Problem. Denn die konsequente Anwendung des europäischen Wettbewerbsrechts würde der EG-Kommission erlauben, über Artikel 90 Absatz III EWG-Vertrag in die Wirtschafts- und Währungspolitik der Mitgliedstaaten einzugreifen, ohne daß ihr nach dem Vertrag eine Kompetenz zu diesem Zweck zusteht und sie derzeit in der Lage wäre, eine europäische Konzeption zu verfolgen.

Um Widerständen der Mitgliedstaaten vorzubeugen, ist es daher folgerichtig, daß die Kommission versucht, staatlich bedingte Wettbewerbsverzerrungen in der Bankwirtschaft zwischen den Mitgliedstaaten durch eine stufenweise Harmonisierung der Bankgesetze abzubauen. Diese Bemühungen gehen allerdings nur langsam voran. Auch wird der in Frankreich sehr wichtige Bereich der öffentlichen und halböffentlichen Kreditinstitute bei den Harmonisierungsbestrebungen voraussichtlich zunächst beiseite gelassen werden. Die Bedürfnisprüfung im Bereich der eingeschriebenen Banken und Finanzierungsinstitute dürfte jedoch in absehbarer Zeit fallen.

Die von der Kommission geübte Zurückhaltung bei der Anwendung der Wettbewerbsregeln auf die Bankwirtschaft galt bisher auch für private Vereinbarungen der Kreditinstitute, die — wie die Konditionenlisten des französischen Bankenverbandes — einen währungspolitischen Bezug haben und im Einvernehmen mit den Aufsichtsbehörden abgeschlossen werden. Angesichts der neueren Rechtsprechung des Europäischen Gerichtshofes und der Stellungnahme der Kommission zu „öffentlichen Unternehmen" in ihrem 6. Wettbewerbsbericht scheint sich hier jedoch eine striktere Anwendung der Wettbewerbsregeln anzubahnen. Dies kann nur begrüßt werden.

Literaturverzeichnis

Bücher

Alhadeff, David: Competition and Controls in Banking. — Berkeley and Los Angeles 1968.

Assmann, Klaus: Sparkassen in der europäischen Gemeinschaft der Neun. — Mainz 1974.

Aufricht, Hans: Comparative survey of central bank law. — London 1965.

Aust, Eberhard: Der Wettbewerb in der Bankwirtschaft. — Frankfurt 1963.

Aymard, Philippe: La banque et l'Etat. La politique économique et l'évolution des techniques bancaires en France dépuis 1945. — Paris 1960.

Bardout, Francois Noel: Le secteur bancaire francais. Une analyse de secteur Dafsa. Bd. I: Les banques francaises face à leur marchés. Bd. II: Concurrence et performances des banques. — Paris 1975.

Becher, Gerd Wilfried: Die Rechtsstellung der verstaatlichten Wirtschaftsunternehmen in Frankreich. — Diss. Köln 1967.

Berger, Pierre: La monnaie et ses mécanismes. — Paris 1975[6].

Blaise, Jean-Bernard: Le statut juridique des ententes économiques dans le droit francais et le droit des Communautés Européennes. — Paris 1964.

Bleckmann, Albert: Europarecht. Das Recht der EWG. — Köln, Berlin, Bonn, München 1978[2].

Branger, Jacques: Traité d'économie bancaire.
Bd. I: Les institutions. — Paris 1974[3].
Bd. II: Les instruments juridiques. — Paris 1975[3].

de Boisseau, Christian: La structure des taux d'intérêts. — Thèse Paris 1974.

Bouvier, Jean: Un siècle de banque francise. Les contraintes de l'Etat et les incertitudes des marchés. — Paris 1973.

Cartell, Jean / Pierre-Yves *Cossé*: La concurrence capitaliste. — Paris 1973.

Centre d'Etudes bancaires et financières (Hrsg.): CEE Harmonisation bancaire Quid? — Brüssel 1975.

Centre Européen de l'Entreprise Publique (Hrsg.): Les entreprises publiques dans la CEE. — Paris 1967.

Chaineau, André: Le Crédit. Institutions et techniques francaises. — Paris 1974.

— Mécanismes et politiques monétaires. Economie du système bancaire francais. — Paris 1974[6].

Conrad, Johannes: Die allgemeinen Geschäftsbedingungen der belgischen und französischen Banken. — Mainz 1973.

de Coussergues, Sylvie: Gestion de la banque. — Paris 1976.

Coutière, Antoine: Le système monétaire francais. — Paris 1977.

Deringer, Arved: Das Wettbewerbsrecht der Europäischen Wirtschaftsgemeinschaft. — Loseblattausgabe, Düsseldorf, seit 1962.

Dermitzel / Damm / Richebächer: Das Bankwesen im Gemeinsamen Markt. — Baden-Baden 1962.

Dupont, Pierre C.: Le contrôle des banques et la direction du crédit en France. — Paris 1952.

Eilenberger, Guido: Banken im Wettbewerb. Grundlagen und Instrumente bankbetrieblicher Wettbewerbspolitik. — Berlin 1975.

Emmerich, Volker: Das Wirtschaftsrecht der öffentlichen Unternehmen. — Bad Homburg, Berlin, Zürich 1969.

Falk-Bjerke, Hans: Die Veränderungen im Bankwesen der EWG unter besonderer Berücksichtigung der zunehmenden EWG-Integration. — Wien 1972.

Ferrounière, Jacques / Emanuel *de Chillaz:* Les opérations de banque. — Mise à jour par Jean Pierre Paty. Paris 1976⁵.

Fikentscher, Wolfgang / Gerhard *Hoffmann* / Klaus Friedrich *Kugler:* Rechtsfragen der Planification. — Stuttgart 1967.

Fourçan, André: La politique de la monnaie. — Paris 1976.

Freitag, Gudrun: Konzentrationspolitik in Frankreich. — Tübingen 1972.

Friedmann, Wolfgang: Governmental enterprises. — Tübingen 1972.

Fromont, Michel: Bericht über das französische Wirtschaftsrecht. — Reihe Wettbewerb — Rechtsangleichung der EG-Kommission, Brüsel 1973.

Gallais / Hamanno: Les nationalisations ... à quel prix, pour qoi faire? — Paris 1977.

Gaullier, Jean-Pierre: Le système bancaire francais. — Paris 1975².

Gavalda, Christian / Jean *Stoufflet* (I): Droit bancaire et boursier. France. Bank- und Börsenrecht. Frankreich. — in: Jura Europae. Das Recht der Länder der Europäischen Wirtschaftsgemeinschaft. Loseblattsammlung, München, Paris seit 1974.

— (II):Droit de la banque. — Paris 1974.

Geis, Heinz-Günther: Struktur des Bankwesens in Frankreich. — Strukturanalysen ausländischer Banksysteme, Heft 2. — Frankfurt 1968.

Gleiss, Alfred: Kommentar zum EWG-Kartellrecht. Von Martin *Hirsch* unter Mitwirkung von Rainer *Bechtold* und Christian *Hootz.* — Heidelberg 1978³ (zitiert: Gleiss / Hirsch).

Goldman, Berthold: Europäisches Handelsrecht. — Karlsruhe 1973.

Gotthold, Jürgen: Macht und Wettbewerb in der Wirtschaft. — Köln 1975.

von der Groeben, Hans / Hans *von Boeck* / Jochen *Thiesing:* Kommentar zum EWG-Vertrag. — Baden-Baden 1974².

Guyénot, Jean: Droit antitrust européen. — Montreal 1973.

— Le droit des ententes industrielles. — Paris 1972.

— Le régime juridique des ententes économiques et des concentrations d'entreprises dans le marché commun. — Paris 1971.

Hankel, Wilhelm: Wettbewerb und Sparerschutz im Kreditgewerbe. — Stuttgart, Berlin, Köln, Mainz 1974.

Harrari, Jean Claude: Marketing bancaire, marketing financier. — Paris 1974.

Hedtkamp, Günter: Planification in Frankreich. Grundlagen, Technik und Erfahrungen. — Köln 1966.

Herdzina, Klaus (Hrsg.): Wettbewerbstheorie. — Köln 1975.

Hertz, Jean-Luc: Quelques aspects de l'application aux banques du droit européen de la concurrence. — Diss. Köln 1974.

Hoffmann, Dieter: Die Spruchpraxis der französischen Kartellkommission zu wettbewerbsbeschränkenden Absprachen im Vergleich zum deutschen Recht. — Diss. Hamburg 1976.

Huth, Klaus-Dieter: Die Sonderstellung der öffentlichen Hand in den Europäischen Gemeinschaften. — Hamburg 1965.

Immenga, Ulrich (I): Wettbewerbsbeschränkungen auf staatlich gelenkten Märkten. — Tübingen 1967.

— (II): Beteiligungen von Banken in anderen Wirtschaftszweigen. — Reihe Wettbewerb — Rechtsangleichung der EG-Kommission, Brüssel 1975.

Ipsen, Hans-Peter: Europäisches Gemeinschaftsrecht. — Tübingen 1972.

Jenny, F. / A.-P. *Weber*: Concentration et Politique des Structures Industrielles. — La Documentation Francaise, Paris 1974.

Krasser, Rudolf: Das Recht des unlauteren Wettbewerbs in den Mitgliedstaaten der EWG, Band IV, Frankreich. — Hrsg. von Eugen *Ulmer*, Köln, München 1967 (zitiert: Ulmer / Krasser, Unlauterer Wettbewerb, Bd. IV, Frankreich).

Krug, Dieter: Die Marktoperationen der Banken. Ein Beitrag zur einer Theorie des Bankenwettbewerbs. — Diss. Berlin 1972.

Krümmel, Hans-Jacob: Bankzinsen. Untersuchungen über die Preispolitik von Universalbanken. — Köln, Berlin, Bonn, München 1964.

Lammerskitten, Peter: Das französische Bankwesen. Struktur und Strukturwandlungen. — Wiesbaden 1967.

Lebel, Claude: Les règles de la concurrence en droit francais. — Paris 1972.

Marchal, Jean: Monnaie et crédit. Le système monétaire et bancaire francais. — Paris 1977[6].

Mersch, Margit: Die Banque de France. Organisation und Operationen. — Berlin 1972.

Mestmäcker, Ernst-Joachim: Europäisches Wettbewerbsrecht. — München 1974.

Möschel, Wernhard (I): Das Wirtschaftsrecht der Banken. — Frankfurt 1972.

Müller-Henneberg, Hans / Gustav *Schwartz* Gesetz gegen Wettbewerbsbeschränkungen und Europäisches Kartellrecht. Gemeinschaftskommentar. — Köln, Berlin, Bonn, München 1973/74[3] (zitiert: Gleiss / Hootz im Gemeinschaftskommentar).

Netter, M.: Les institutions monétaires en France. — Paris 1974[3].

Organisation de Coopération et de Développement Economiques: Rapports annuels sur la politique de concurrence dans les pays membres de l'OCDE. — Paris 1977 / No. 1.

OECD-Monetary studies series: Monetary policy in France. — Paris 1974.

Ohr, Peter: Die Konzeption der französischen Kartellkontrolle in der „Rechtsprechung" der technischen Kartellkommission. — Diss. Mannheim 1972.

Petit-Dutaillis, Georges (I): La Banque Francaise. Evolution des activités et des structures. — Paris 1974.

Rameken, Uwe: Die Konkurrenzpolitik der Kreditbanken. — Diss. Hamburg 1969.

Rodiere, René / Jean-Louis *Rives-Lange:* Précis de droit bancaire. — Paris 1975².

Römer, Monika: Harmonisierung der Bankenaufsicht in der Europäischen Gemeinschaft. Grundlagen und Ansätze. — Berlin 1977.

de Roux, Xavier / Dominique *Voillemot* / Thierry *Vassogne:* Le droit français de la concurrence. — Paris 1975.

de Roux, Xavier / Dominique *Voillemot:* Le droit de la concurrence des Communautés Européennes. — Paris 1972².

Schatz, Ulrich Jacob: Die Zulässigkeit wettbewerbsbeschränkender Vereinbarungen nach den innerstaatlichen Rechtsvorschriften Frankreichs. — Diss. München 1964.

Schlosser, Michel / Pierre *Vernimmen:* Gestion bancaire. Nouvelles méthodes et pratiques. — Paris 1974.

Schuster, Leo: Zentralbankpolitik und Bankenaufsicht in den EWG-Staaten. — Köln, Opladen 1967.

Sennewald, Helmut: Kartelle und vertikale Wettbewerbsbeschränkungen in Frankreich. — Karlsruhe 1964.

Sobotka, Stefanie: Reformen im französischen Bankwesen. — Diss. Wien 1971.

Sonnenberger, Hans Jürgen: Französisches Handels- und Wirtschaftsrecht. — Heidelberg 1975.

Stoffaes, Christian / Jacques *Victorri:* Nationalisations. — Paris 1977.

Toeche-Mittler, Klaus: Das Verbandskartell als Instrument der Wirtschaftsplanung. Die Beteiligung der französischen Wirtschaftsverbände an der Planification. Kartellrechtliche Konsequenzen. — Frankfurt, Berlin 1969.

Veillas, Emmanuel: Marketing bancaire. — Paris 1971.

VerLoren van Themat, P.: Das Wirtschaftsrecht der Mitgliedstaaten der Europäischen Gemeinschaften in einer Wirtschafts- und Währungsunion. — Reihe Wettbewerb — Rechtsangleichung der EG-Kommission, Brüssel 1973.

Vygen, Klaus: Öffentliche Unternehmen im Wettbewerbsrecht der EWG. Ihre Stellung nach Art. 90 EWGV im Vergleich zu privaten Unternehmen. — Köln, Berlin, Bonn, München 1967.

Weber, Hans-Ulrich: Die Bankenaufsicht in der EWG. — Diss Tübingen 1973.

Werhahn, Jürgen W.: Bankbedingungen. — Wiesbaden 1973.

Widmer, Robert: Die Entwicklung des französischen Handelsbankwesens nach dem zweiten Weltkrieg. — Zürich und St. Gallen 1956.

Zacher, Hans F.: Bericht über das in der Bundesrepublik Deutschland geltende Wirtschaftsrecht. — Reihe Wettbewerb — Rechtsangleichung der EG-Kommission, Brüssel 1973.

Zijlstra, J. in Zusammenarbeit mit B. *Goudzwaard:* Wirtschaftspolitik und Wettbewerbsproblematik in der EWG und ihren Mitgliedstaaten. — Reihe Wettbewerb — Rechtsangleichung der EG-Kommission, Brüssel 1966.

Aufsätze in periodischen Veröffentlichungen, Festschriften, Sammelbänden etc.

Bauchet, Pierre: Aspects et Methodes de la Planification Francaise. — in: Planung 3, hrsg. von Joseph H. Kaiser, Baden-Baden 1968, S. 249—262.

Beauvais, Yves: L'évolution du reseau de guichets des banques inscrites depuis 1967. — in: Bulletin trimestriel de la Banque de France, Nov. 1974, S. 39—46.

Bertrand, Jean-Marie / Michel *Guy* / Michel *de Rosen:* Le système bancaire et le financement déséquilibré de la croissance. — in: Banque, Febr. 1977, S. 141—149.

de Blacas, A.: Panorama de la France économique et financière en 1975. — in: Economie et Finances Agricoles, Febr. 1976, S. 14—25.

Bloch-Lainé,Francois: Une banque nationalisée, en 1973. — in: Banque, Juni 1973, S. 527—533.

Brunsden, Peter: Controls over banking in France. — in: The Banker 1972, S. 1160—1162, S. 1267—1276.

Butsch, Jean-Louis / Claude *Vulliez:* La réforme de règlement des banques. — in: Banque, Febr. 1978, S. 208—213.

Campet, Charles: La libération de l'activité bancaire dans la CEE. La directive du 28 juin 1973. — in: Banque, März 1974, S. 255—263.

Catalano, Nicola: Application des dispositions du Traité CEE (et notamment des règles de concurrence) aux entreprises publiques. — in: Festschrift für Otto Riese, Karlsruhe 1964, S. 133—149.

Chenot, Bernard: L'entreprise public dans l'Etat. — in: Banque, März 1972, S. 211—219.

Chouraqui, Jean-Claude: L'expérience de politique monétaire en France. — in: Banque, Febr. 1977, S. 153—162.

Chouraqui, Jean-Claude / Franziscus *Meyer-zu-Schlochtern:* Le comportement du système bancaire français. — in: Banque, März 1977, S. 253—257.

Clement, Bernard: Les nouveautés introduites dans le droit français de la concurrence par la loi du 19 juillet 1977 relative au contrôle de la concentration économique et à la répression des ententes et des abus de position dominante. — in: Propriété Industrielle — Bulletin Documentaire no. 212, 15. 4. 1978, II — 156—158.

Crédit Lyonnais: Rapport annuel pour l'exercice 1972. L'évolution des structures bancaires en France. — in: Problèmes Economiques No. 1344, 31. Okt. 1973, S. 2—10.

David, Jacques-Henry (I): Quelques réflexions sur la politique sélective du crédit. — in: Banque, Juni 1974, S. 559—565.

— (II): Les limites du contrôle monétaire. — in: Banque, Okt. 1977, S. 1031 bis 1038.

Debré, Michel: Bilan des réformes. — in: Banque, Jan. 1967, S. 73—78.

Denizet, Jean: Evolution récente et future de la banque. — in: Revue d'Economie Politique, Juni 1970, S. 448—474.

Desjeux, Xavier: La répression des ententes illicites et des abus de positions dominantes. — in: Propriété Industrielle — Bulletin Documentaire no. 210, 15. 3. 1978, II — 122—124.

Deringer, Arved: Frankreich. Änderung des Kartellrechts. — in: Außenwirtschaftsdienst des Betriebs-Beraters 1967, S. 480—481.

Deschanel, Jean-Piere: L'information du banquier sur la vie des entreprises et la distribution du crédit. — in: Banque, Sept. 1977, S. 972—978.

Dubois, Jean-Pierre: Die wirtschaftlichen Interessengemeinschaften, das wirtschaftliche Interesse und die Wettbewerbsvorschriften des französischen und europäischen Rechts. — Wirtschaft und Wettbewerb 1970, S. 3—30.

de Fouchier, Jacques: La banque d'affaires en France en 1972. — in: Banque, Juni 1973, S. 523—525.

Fournier, Henri (I): La rémunération des comptes créditeurs dans les banques. Liberté ou réglementation? — in: Banque, Juli/Aug. 1969, S. 537—546.

— (II): L'évolution du système bancaire français 1960—1970. — in: Banque, Jan. 1972, S. 5—11.

— (III): L'évolution des banques françaises. Les réformes de 1966—1972 et leurs conséquences. — in: Banque, Sept. 1976, S. 823—838.

— (IV): Les institutions et mécanismes bancaires en France. — in: Institutions et mécanismes bancaires dans les pays de CEE, hrsg. vom Institut d'études bancaires et financières, Paris 1969, S. 67—194.

Fourré, Jean: Kartellkontrolle in Frankreich. — in: Außenwirtschaftsdienst des Betriebsberaters, 1963, S. 324—328.

Fradault, Pierre: La participation du système bancaire à l'éboration et à la mise en oeuvre du plan. — in: Problèmes Economiques No. 955, 21. April 1966, S. 3—10.

Fromont, Michel: Öffentliche Unternehmen als Instrumente der französischen Planification. — in: Planung 3, hrsg. von Joseph H. Kaiser, Baden-Baden 1968, S. 391—404.

Galula, A. / A. *de Blacas:* Le secteur bancaire aujord'hui et demain. — in: Economie et Finances Agricoles, Okt. 1975, S. 1—18.

Gavalda, Christian: L'harmonisation des législations bancaires. — in: Journal du Droit International 1970, S. 5—19.

Géronimus, René: Notenbank und Bankkontrolle in Frankreich. Ein Vergleich mit der BRD. — in: Bank-Betrieb 1969, S. 382—384.

Gnam, Arnulf: Kreditinstitute im Wettbewerb. — in: Wirtschaft und Wettbewerb 1956, S. 581—586.

Grandmont, Jean-Michel / Gérard *Neel:* Sur les taux d'intrérêt en France. — in: Revue Economique, Mai 1973, S. 460—469.

Günther, Hans: Die Wettbewerbssituation im Kreditwesen Frankreichs. — in: Zeitschrift für das gesamte Kreditwesen 1964, S. 63—66.

— Marktmäßiger Wettbewerb und staatliche Einwirkungen begrenzen Bankeneinfluß und verhindern Machtausübung. — in: Bank-Betrieb 1974, S. 194—201, S. 251—256.

Guyénot, Jean: Les métamorphoses du système répressif des ententes industrielles et commerciales. — in: Mélanges offerts à Pierre Voirin, Paris 1967, S. 301—328.

d'Illiers, Bertrand / Gerhard *Morgenroth:* Das Bankwesen in Frankreich. — in: Das Bankwesen im größeren Europa, hrsg. von Rudolf Regul / Herbert Wolf, Baden-Baden 1974, S. 259—286.

Klaue, Siegfried: Kooperationsverträge zwischen deutschen und ausländischen Banken. — in: Wettbewerbsprobleme im Kreditgewerbe, hrsg. von Burkhardt Röper, Berlin 1976, S. 152—159.

Kohler, Klaus: Internationale Bankenkooperation in rechtlicher Sicht. — in: Bank-Betrieb 1976, S. 403—407.

Koszul, M.: Rapport de synthèse. — in: J. *Stoufflet* / Ch. *Campet* / M. *Koszul* / P. *Moran* / M. *Sarmet:* L'activité des banques étrangères en France, Paris 1975, S. 99—116.

Lab, Raymond: Quelques indicateurs de l'évolution en volume de l'activité bancaire. — in: Banque, Sept. 1977, S. 910.

Laugier, Lucien: La notion d'abus de position dominante en droit interne. Reflexions après l'arrêt du 17 mai 1967. — in: Gazette du Palais 1967, S. 69—71.

Lévêque, Jean-Maxime: L'inflation et la banque. — in: Banque, Sept. 1975, S. 783—788.

Levy-Lambert, Hubert (I): Les problèmes actuels de rémunération de l'épargne. — in: Banque, Sept. 1977, S. 911—917.

— (II): Perspectives d'évolution de la rentabilité des banques. — in: Banque, Juli/Aug. 1978, S. 849—855.

Linhardt, Hanns: Kreditinstitute im Wettbewerb. — in: Geld- und Bankpolitik, hrsg. von Ernst Dürr, Köln, Berlin 1969, S. 428—447.

Lutz, Vera: Plan et Marché: fondamentalement antinomiques. — in: Les Cahiers Francais, Mai/Juni 1977, S. 15—17.

Massé, Pierre: L'éloge du Plan. — in: Les Cahiers Francais, Mai/Juni 1977, S. 6—9.

Marcille, Yves: Le rôle de l'association professionelle des banques. — in: Banque, Sept. 1973, S. 69—71.

Möschel, Wernhard (II): Kreditwirtschaft und Bereichsausnahme nach § 102 GWB. — in: Zeitschrift für das gesamte Handelsrecht und Wirtschaftsrecht 1975, S. 347—361.

Moussa, Pierre: Le rôle des banques dans le financement du 7e plan. — in: Banque, Juni 1976, S. 707—710.

Müller-Graff, Peter-Christian: Intermediäre Marktverbände im Wettbewerbs- und Warenzeichenrecht des EWG-Vertrages. — in: Juristenzeitung 1977, S. 632—637.

de Narbonne, Guy Motais / Pierre *Vernimmen:* Les caractères spécifiques de la banque ... permettent-ils l'application des méthodes modernes de gestion? — in: Banque, Nov. 1974, S. 1051—1058.

Nicolaysen, Gert: Planeinsatz öffentlicher Unternehmen und EWG-Vertrag (Art 90). — in: Planung 3, hrsg. von Joseph H. Kaiser, Baden-Baden 1968, S. 311—352.

Pascallon, Pierre: Caractéristiques de la planification française. — in: Les Cahiers Français, Mai/Juni 1977, S. 21—23.

Petit-Dutaillis, Georges (II): Le système bancaire français. — in: Les Cahiers Français, Jan./Febr. 1975, S. 25—30.

Plaisant, Robert (I): Die Verordnung Nr. 67-835 (1967) über den lauteren Wettbewerb. — in: Wirtschaft und Wettbewerb 1968, S. 360—367.

— (II): Die französische Wettbewerbsgesetzgebung und ihre Entwicklung. — in: Wirtschaft und Wettbewerb 1972, S. 95—103.

— (III): Die Regelung der Kartelle und der wettbewerbsbeschränkenden Geschäftspraktiken in Frankreich. — in: Wirtschaft und Wettbewerb 1972, S. 365—377.

Torrel, Roland: Synthèse de la réforme bancaire de 1967: quatre ans d'éxpérience. — in: Revue de Science Financière 1972, S. 163—179.

Troberg, Peter: Die Bankensysteme in der Europäischen Gemeinschaft. 3. Teil: Frankreich. — in: Bank-Betrieb 1974, S. 6—11; 9. Teil: Die europäische Synthese, ebenda, S. 499—504.

Villaret, Louis: Comment appliquer aux activités bancaires les règles de concurrence du Traité de la CEE? — in: Banque 1962, S. 511—517.

Wormser, Georges: Quelques souvenirs sur l'Union syndicale des banquiers. — in: Banque, Sept. 1976, S. 884.

Offizielles Schrifttum

Banque de France: Bulletin Trimestriel. — (Vierteljahresberichte).

Banque de France: Compte Rendu des Opérations. — (Jahresberichte).

Bundesratsdrucksache 231/78: Regierungsentwurf eines 4. Gesetzes zur Änderung des Gesetzes gegen Wettbewerbsbeschränkungen vom 26. 5. 1978.

Bundestagsdrucksache 7/3206 (1975): Wettbewerbsbericht; 4. Kapitel: Kredit- und Versicherungswirtschaft (§ 102 GWB).

Commissariat Général du Plan, Préparation du VIe Plan, Comité de la Concurrence, Rapport. — Paris 1971.

Commission de Contrôle des Banques: Rapport. Bilans des Banques. — (Jahresberichte).

Commission Technique des Ententes et des Positions Dominantes: Rapport au Ministre chargé de l'Economie. Avis de la commission et décisions ministérielles correspondantes. — (Jahresberichte; zitiert: Wettbewerbskommission, Rapport).

Commission de Verification des comptes des entreprises publiques: Rapport. — (Jahresberichte).

Conseil économique et social: La reglementation de la concurrence, des ententes et des positions dominantes en France et dans la CEE élargie. Avis et Rapport. — in: Journal Officiel vom 9. Juli 1974, S. 1099—1134.

Conseil National du Crédit: Rapport annuel. Annexes. — (Jahresberichte).

Edition des Documents administratifs. — in: Journal Officiel de la Republique Française (lfd. Nr. und Jgg.; zitiert: J. O. Doc. Ad.).

Europäische Gemeinschaften, Kommission:
Gesamtbericht über die Tätigkeit der Europäischen Gemeinschaften. — (zitiert: Gesamtbericht).
Bericht über die Wettbewerbspolitik. — (zitiert: Wettbewerbsbericht),
Amtsblatt der Europäischen Gemeinschaften, Reihe Rechtsvorschriften (zitiert: ABl. L), Reihe Mitteilungen und Bekanntmachungen (zitiert: ABl. C).

Europäische Gemeinschaften, Währungsausschuß: Die Währungspolitik in den Ländern der EWG. Institutionen und Instrumente. — Luxemburg 1972.

Lois et Décrets, Arrêtés, Circulaires, Avis, Communications, Informations et Annonces. — in: Journal Officiel de la Republique Française (lfd. Nr. und Jgg.).

Monopolkommission: Hauptgutachten 1973/75. Mehr Wettbewerb ist möglich. — Baden-Baden 1976.

Projet de loi relatif au contrôle de la concentration économique et à la répression des ententes illicites et des abus de position dominante. — in: Assemblée Nationale Nr. 2388 (1975—1976), und in: Sénat No. 191 (1976 bis 1977), texte définitif; verabschiedet als loi no. 77-806 vom 19. 7. 1977 mit Anwendungsdekret no. 77-1189 vom 25. 10. 1977.

Sammlung der Rechtsprechung des Europäischen Gerichtshofes (zitiert: EuGH Slg.).

FSC
www.fsc.org
MIX
Papier | Fördert gute Waldnutzung
FSC® C083411

Kolibri 360 GmbH
Ferdinand-Jühlke-Straße 7
99095 Erfurt, Deutschland
produktsicherheit@kolibri360.de

Druck:
CPI Druckdienstleistungen GmbH
im Auftrag der
Kolibri 360 GmbH
Ferdinand-Jühlke-Str. 7
99095 Erfurt